CRIME NO FEMININO

JOSÉ MANUEL PIRES LEAL
Mestre em Criminologia

CRIME NO FEMININO

Trajectorias delinquenciais de mulheres

CRIME NO FEMININO
TRAJECTORIAS DELINQUENCIAIS DE MULHERES

AUTOR
JOSÉ MANUEL PIRES LEAL

EDITOR
EDIÇÕES ALMEDINA, SA
Rua da Estrela, n.º 6
3000-161 Coimbra
Tel: 239 851 904
Fax: 239 851 901
www.almedina.net
editora@almedina.net

EXECUÇÃO GRÁFICA
G.C. GRÁFICA DE COIMBRA, LDA.
Palheira – Assafarge
3001-453 Coimbra
producao@graficadecoimbra.pt

Fevereiro, 2007

DEPÓSITO LEGAL
253608/07

Os dados e as opiniões inseridos na presente publicação
são da exclusiva responsabilidade do(s) seu(s) autor(es).

Toda a reprodução desta obra, por fotocópia ou outro qualquer processo,
sem prévia autorização escrita do Editor,
é ilícita e passível de procedimento judicial contra o infractor.

Índice

Notas de Agradecimento	7
Introdução	9

Capítulo I
Elementos para contextualizar as trajectórias criminais	15
Norma e desvio	16
O crime	20

Capítulo II
Enfoques estruturais e processuais na descodificação do comportamento criminal	
O biológico	27
A psique	28
O social	32
E a articulação-integração no plano biopsicossocial	34

Capítulo III
A abordagem longitudinal sobre trajectórias criminais representa a análise do transgressivo no *continuum* do tempo	37
A lógica do processo desviante	43
Trajectórias *versus* Carreiras Criminais	46
Factores de protecção e de risco	50
Ciclos de vida	54

Capítulo IV
O Género como condicionalismo de *co*-existência	59
O feminino na sociedade portuguesa	61
A criminalidade no feminino	65

Capítulo V
Os limites do objecto que propomos	71
O Código Penal de 1982	74
A instituição Polícia Judiciária	79

A Fonte: Sistema Integrado de Informação Criminal 76
Selecção da Amostra e Recolha de Dados: dificuldades e limites 89

Capítulo VI
Estudo dos Sujeitos constituintes da amostra 95
    Tipo de Delinquente 97
    Relação Conjugal 98
    Naturalidade 99
    Nacionalidade 100
    Sinalética 101
    Habilitações Literárias 102
    Grupo Profissional 103
    A Idade ao primeiro registo 106
    Residência e Mobilidade Residêncial 110
    O intervalo entre o 1.º Registo e o Último 116
    A Mobilidade Criminal 122
    A Privação da Liberdade 127
    Prisão Efectiva 133

Capítulo VII
As trajectórias criminais na Generalidade 137

Capítulo VIII
As trajectórias criminais na Especificidade 163
    A articulação interpretativa Regressivo-Sequencial 165
        A categoria *Ocasional* 166
        A categoria *Reincidente* 169
        A categoria *Crónico* 173

Discussão Final – Conclusão 179

Bibliografia 199

Anexos 205

Notas de agradecimento

O presente estudo não teria sido possível sem o apoio de várias pessoas que de forma diferenciada contribuíram para podermos alcançar bom porto.

Nesse sentido, devemos sublinhar que a primeira nota de agradecimento cabe ao colega e amigo Carlos Costa, quem desde o início, e durante todo o processo, nos incentivou a iniciarmos e a continuarmos a análise que apresentamos;

Ao Dr. Mário Bento pelas suas qualidades humanas, assim como pelo apoio que sempre demonstrou;

Ao Dr. Ferreira Leite pelo despacho que possibilitou o arranque do projecto;

Ao Dr. Adelino Salvado, por ter deferido a autorização de acesso aos dados que constituem a matéria-prima do estudo;

Ao Dr. José Braz por ter viabilizado o que poderia ter sido impossibilitado;

Aos funcionários do Centro de Documentação da Polícia Judiciária em Lisboa; da Biblioteca da Faculdade de Direito da Universidade do Porto; do Instituto de Ciências Sociais da Universidade de Lisboa; e da Messe Militar de Oficiais da cidade do Porto;

Aos colegas da Escola de Criminologia da Faculdade de Direito da Universidade do Porto, em particular às colegas e amigas, Teresa, Ximene, Sara, Sónia, Lígia, e Neusa, bem hajam pela partilha da vossa amizade;

Não posso deixar de fazer constar o profundo agradecimento que reporto aos meus queridos pais, Manuel Corceiro Leal e Maria Neta Pires, referenciais de uma vida, pessoas que nunca deixaram de acreditar naquilo que sou e que procuro construir, assim como à minha amada esposa e companheira, Sandra Cristina, aquela que me complementa e procura, pelo incondicional e constante apoio em todo o percurso;

Ao Professor Doutor Cândido da Agra, da Faculdade de Direito da Universidade do Porto, e à Professora Doutora Cristina Leite Queirós, da Faculdade de Psicologia e de Ciências da Educação da Universidade do Porto, pela preciosa orientação teórico-critica, e rigorosa orientação metodológica que permitiram alcançar os objectivos do projecto;

Por fim, dedicamos o presente estudo a todos os funcionários da Polícia Judiciária que investiram parte significativa das suas vidas na prossecução da realização da justiça e na defesa dos valores fundamentais da sociedade. Em particular ao saudoso amigo e colega João Melo, inspector na Secção Regional de Combate ao Banditismo da Directoria do Porto. Em honra da sua memória.

Introdução

Todo o discurso que apresentamos conflui apenas num sentido, com o objectivo de contextualizar a criminalidade feminina, e em particular o que se designa de trajectórias criminais. Que elementos estão presentes na eclosão de determinados acontecimentos que sucedem a outros? Tais supostos elementos revelam que as *coisas* não acontecem por acaso. Os eventos que vão construindo e estruturando a vida dos indivíduos decorrem de um processo de vida dominado e entrecruzado por variadíssimas dimensões de influência, de natureza distinta, mas que se articulam, se ajustam, criando estados novos de ser e de querer ser no tempo. De atribuição de sentido e significado ao que vão fazendo. Desse modo, o projecto que apresentamos constitui-se num exemplo da lógica de processo de como as *coisas* acontecem. No fundo procuraremos, por relação ao género feminino, destrinçar que enunciação de trajectos? Em que sentido? Que significados?

Recorremos ao acervo documental da Polícia Judiciária (PJ), especificamente no que diz respeito aos elementos biográficos de natureza criminal que determinado grupo de indivíduos apresentam. Salvaguardadas as questões centrais respeitantes à autorização de acesso aos dados, e garantida a necessidade de absoluto anonimato da identidade dos indivíduos que constituem a amostra, recorremos ao Sistema Integrado de Informação Criminal (SIIC) gerido pela instituição policial referida, a partir do qual com base em instrumentos construídos especificamente para recolha dos elementos indispensáveis para a análise, se procedeu durante um longo período de tempo, de forma paciente, persistente, e rigorosa à recolha dos dados.

Os dados que fomos coligindo permitiram objectivar ainda mais o estudo, pois a qualidade dos elementos recolhidos possibilitaram o desenvolvimento de um projecto de análise longitudinal sobre dados referentes a indivíduos do sexo feminino nascidos durante o ano de 1967, pessoas que à data de entrada em vigor do Código Penal de 1982 – que revogou o de 1886 – reuniam nesse tempo pela primeira vez nas suas vidas as condições de imputabilidade penal em razão da idade – fariam 16 anos no decurso do ano de 1983.

Nesse sentido, estariam reunidas as condições necessárias para se proceder ao estudo evolutivo de parte do processo delitivo no tempo. Importava não só caracterizar os indivíduos sócio-culturalmente, como e acima de tudo, perceber os percursos delitivos que os registos biográficos criminais indiciavam. Estamos pois a referirmo--nos ao processo de construção parcial de percursos biográficos dominados potencialmente por comportamentos desviantes de tipo criminal.

Tal facto impeliu-nos ao estudo crítico do conceito de *trajectória criminal*, inserindo-o no desenvolvimento mais alargado do processo desviante. Abordámos os conceitos de *norma* e *desvio*, enquanto elementos fundamentais para percebermos o que é de facto o *crime*, e estruturantes para a compreensão dos processos de vida que conduzem ao desvio, referindo algumas correntes científicas que tendem a explicar o comportamento desviante a partir de determinada perspectiva, e identificando também alguns factores que se revelaram como potencialmente de risco e outros que comprovaram deter influência protectora.

O sentido das trajectórias criminais estudadas remetem sempre para o elemento feminino, assim como para as configurações simbólicas que esse tem representado nas sociedades ocidentais dos países desenvolvidos e em particular na sociedade portuguesa. O posicionamento que o feminino ocupa na sociedade, nas diversas dimensões de existência, é inalienável do modo como os percursos são enunciados. A diferenciação biológica entre o feminino e o masculino fundada no corpo é repercutida no processo sócio-histórico de diferenciação do género, e de afirmação de ambos, através de uma lógica de dominação que se tem prolongado até aos nossos dias. Esse processo de diferenciação e dominação atravessa as configurações das trajectórias de vida de ambos os géneros, imprimindo aí também a distinção e a diferença.

Caracterizados os sujeitos, nos elementos sócio-demográficos e culturais que os registos policiais nos permitiram debruçar, centrámo-nos no objecto central do estudo: as trajectórias criminais institucionalizadas do género feminino, na generalidade e na especificidade que enunciam. Através da construção de uma estrutura tipológica de tipos de delinquentes, diferenciados pelo grau de envolvimento no crime, procurámos identificar componentes que permitissem criar tipologias de trajectos, especificidades delitivas que contribuíssem para a definição de factores que caracterizassem a potenciação de elementos potencialmente preditores, probabilísticos, de determinados percursos criminais.

Que elementos é que se constituem em factores potencialmente preditores de determinada trajectória criminal caracterizada por certa configuração criminal? Que continuidade, e que mudança se opera no processo delitivo de determinadas trajectórias criminais? Em suma, enunciações que se constituem nas questões fundamentais que ao longo de todo o processo científico procurámos equacionar possibilidades de resposta.

O projeto encontra-se organizado e estruturado por uma introdução, oito capítulos de desenvolvimento teórico e análise empírica e por um capítulo final, o qual pode ser referido como conclusão à guisa de discussão final das grandes tendências que ao longo do estudo a análise dos dados foi descortinando.

Nos capítulos I a IV procede-se ao enquadramento teórico-crítico dos elementos fundamentais que estruturam e contextualizam as trajectórias criminais ao longo das várias correntes teóricas que procuraram descodificar não só o comportamento desviante, como o próprio processo que potencia o desvio, e na estrita especificidade que estudamos, o crime. Discute-se a pertinência do estudo do transgressivo no *continuum* do tempo, expondo posições críticas, e outras a favor do seu desenvolvimento. Todavia as trajectórias criminais que se procuram conhecer referem-se especificamente a mulheres. Ao género feminino. Nesse sentido, explorou-se a problemática do género enquanto condicionalismo de co-existência, assim como a constituição do sentido da divisão social dos papéis de cada sexo, e do posicionamento do género feminino na lógica estruturante de dominação.

Nos capítulos V a VIII enunciam-se os limites metodológicos do estudo, e procede-se à análise empírica e à discussão dos dados. Expõe-se a delimitação do objecto, definindo os preceitos que subjazem à escolha da população, assim como os critérios de selecção da amostra e os instrumentos de recolha dos dados.

O ano de entrada em vigor do Código Penal de 1982 foi tido como referencial com base no qual se determinou o ano de nascimento – 1967 – dos sujeitos que constituem a amostra. O SIIC constituiu-se na base de onde foram colhidos os elementos que possibilitaram a concretização do projecto. As competências de investigação criminal da PJ, conferidas por lei como *específicas* e *reservadas*, foram tomadas enquanto parâmetros definidores dos tipos de crimes que em regra dominam o referido sistema de informação criminal. Todavia, a definição dos critérios que fundamentaram as opções metodológicas revelaram também os limites do estudo, assim como as dificuldades sentidas no decurso do processo de recolha dos elementos necessários para a realização do projecto.

Tendo por base as ferramentas informáticas de análise de informação, designadamente os programas *Statistical Package for the Social Sciences* e *Analyst's Notebook*, procedeu-se ao estudo dos indivíduos, no domínio dos elementos que os caracterizam sócio--culturalmente, assim como nos elementos que possibilitaram a caracterização dos seus percursos criminogenos, buscando as semelhanças e as dissemelhanças entre elementos susceptíveis de estruturarem tipos de delinquentes distintos a partir da definição de trajectórias criminais específicas.

Nesse sentido, o estudo analítico dos momentos que marcam o processo delitivo institucionalizado dos sujeitos é atravessado por questões para as quais se procuraram possibilidades de resposta.

A enunciação sequencial de registos-crime (crimes) no decurso dos tempos de vida dos indivíduos conterá uma lógica preditiva do que poderá ser o futuro delinquente dos sujeitos? A transgressão de determinado valor axiológico-normativo de pendor jurídico-penal conterá um poder simbólico-preditivo sobre a possibilidade de transgressão posterior, e da sequente sucessão delitiva? Será possível esboçarem-se tendências de continuidade e de mudança? Em que sentido? Que significados expressarão?

O exercício de análise e interpretação culmina com um último ponto, espaço privilegiado onde procurámos integrar e articular o conhecimento produzido, não só decorrente da matéria-prima analisada, mas também do conhecimento produzido por outros autores. Enunciam-se os elementos caracterizadores da amostra, assim como as diferenças entre e a especificidade de cada trajectória identificada. Expõem-se os limites do trabalho por referência aos critérios a partir dos quais foi sendo erigido. Termina-se como se iniciou. No enlevo do ensejo de continuar.

Pudessem as grandes linhas conclusivas contribuir para a discussão critica das tendências da criminalidade feminina na sociedade portuguesa, e a finalidade última do projecto que apresentamos completar-se-ia.

Capítulo I

Elementos para contextualizar as Trajectórias Criminais

O propósito de iniciarmos o estudo longitudinal das trajectórias criminais do género feminino, a partir da análise dos registos da Polícia Judiciária, impõe que antes de discorrermos acerca da revisão critica do conceito de *trajectória criminal*, nos detenhamos na análise de outros conceitos que lhe estão subjacentes, porque as trajectórias criminais enquanto expressão da manifestação do comportamento humano, não podem ser redutíveis a elementos aparentemente mecanicistas fundados em princípios da física, ou da balística. O sujeito, e o seu percurso, assim como o significado que adquirem no sistema de vida do indivíduo, vão para além do que é visível.

Qualquer sujeito está condenado a agir. A acção humana é animada por sinergias que têm a sua origem na estrutura biológica do indivíduo, na estrutura organizativa da sua vida interior, e nos contextos sociais em que se faz humano. É agindo que faz o seu caminho, que se constrói enquanto indivíduo, e que os outros o reconhecem. Nesse domínio as dimensões espaço e tempo são fundamentais, pois são conceitos que situam o sujeito no mundo. A trajectória de vida é disso sinónimo em cada momento do seu quotidiano.

No quadro do projecto que desenvolvemos, o crime é uma forma de expressão do comportamento face a um determinado estado de coisas. O crime no percurso de vida dos indivíduos inscreve--se num processo complexo de desviância. É construído no contexto da estrutura social, decorrente da interacção social encetada na vida desenvolvida em sociedade.

O crime enquanto expressão de determinado tipo de comportamento, contem em si uma carga simbólica provida de um significado público negativo. Marca de forma indelével a história experiencial do sujeito, expressa a partir do seu posicionamento face à estrutura social hierarquizada e normativa. Entramos pois no domínio da ordem e da ruptura. No domínio do estigma e do aceitável. Referimo-nos aos conceitos de *desvio* e de *norma*, enquanto elementos instrumentais para definirmos o conceito de *crime* e situarmos este último nos percursos de vida dos indivíduos.

O tempo é o *continuum* onde se inscrevem de forma definitiva as experiências do sujeito, marcos referenciais e sequenciais numa cronologia provida de sentido e significado que se vai materializando no espaço. Este último é o plano da realidade na qual os factos acontecem num certo contexto e se fixam num determinado ponto, momento em que o indivíduo organiza os eventos e lhes atribui inteligibilidade.

Só assim poderemos dar início ao estudo de algo tão denso e controverso, como é o conceito de *trajectória criminal,* apresentando o nosso contributo para o conhecimento e interpretação do modo como os indivíduos inscrevem o crime na espessura temporal das experiências que constituem as suas vidas.

Norma e Desvio

Viver em sociedade pressupõe a existência entre os seus membros de um consenso que permita a coexistência (Faugeron, Fichelet, Fichelet, Poggi e Robert, 1975). A possibilidade de coexistir funda-se na estabilidade normativa substanciada na convergência de vontades alicerçadas em objectivos comuns, tornando possível a vida em comunidade. Estabelecem-se acordos tácitos resultantes da interacção social decorrente no quotidiano; da ritualização de práticas, que se fazem costumes, normativizam-se determinados comportamentos, distinguindo aqueles que são conformes aos princípios que orientam e mantêm os objectivos da coexistência, de outros que transgridem esse estado de normalidade, e que por isso são definidos como desvio.

Referimo-nos ao sistema normativo de comportamentos composto por regras, enquanto forma de regular a vida em comunidade.

Instituem-se códigos de comportamento resultantes da interacção social, ora controlados informalmente pela prática reiterada e orientada do costume, ora por preceitos com força jurídica, resultantes da institucionalização dos princípios que fundam o estado da cultura dominante, e que são regulados pela estrutura normativa formal da sociedade. O conceito de referência é a *norma*.

Machado Pais refere «por *normas* podemos entender as diversas maneiras de agir consolidadas pelo uso, pelos costumes. Tomada como *tipo*, uma norma não se reconhece apenas pelo seu uso habitual, mas pelo seu uso quase 'obrigatório'. A vida quotidiana seria impossível se os indivíduos não deitassem mão de signos preestabelecidos, se não compartilhassem determinadas representações sociais, significados ou regras de comportamento» (2002:132).

Neste sentido, a *norma* é o resultado da concertação de vontades, estatisticamente dominantes numa comunidade, impondo valores, costumes, formas de pensar e agir. O poder simbólico dos valores existentes numa sociedade é a raiz da cultura materializada na hierarquia normativa exercida pela acção das diversas formas de controlo social, até ao vértice da forma jurídica. Na concepção de Cavaleiro de Ferreira «as normas serão na sua essência juízos de valor, isto é, definem ou determinam os interesses cuja protecção importa assegurar na vida social.» (1981:47). Tanto a *norma* como a sua estatuição na forma de *lei* fundam-se numa hierarquia de valores estabelecida pela convergência de vontades dos sujeitos constituintes de uma organização social, justificada pelos objectivos político-sociais da sociedade a que pertencem (Paul Foriers *apud in* Borricand, 1996:217).

Ao nos referirmos aos conceitos *norma* e *desvio* há que salientar que numa lógica de processo histórico e de evolução das trajectórias de vida dos sujeitos, a percepção da *norma* e do *desvio* ao nível societal varia no tempo e no espaço consoante o estado de desenvolvimento sócio-político da sociedade; ao nível do indivíduo varia com a constituição da estrutura moral do sujeito, construída no decurso das experiências tidas nos contextos em que decorrem os seus ciclos de vida.

Uma determinada parcela de espaço e fracção de tempo constituem um fragmento no processo de evolução da vida social de uma comunidade, onde os processos interactivos de dominação e poder entre grupos e indivíduos se dão e se definem, fazem e refazem.

O *desvio*, por referência à *norma*, é remetido para determinado contexto, onde a sua definição simbólica e reacção social se circunscrevem ao limite de um tempo e espaço históricos.

Por isso, o tipo e a articulação dos elementos que compõem os *sistemas de valores e de normas*, sobre os quais as sociedades se erguem, dependem da evolução do contexto sócio-político em que se inscrevem. Raymond Boudon (2002) refere que as normas e os valores vigentes numa determinada sociedade são fundados num sistema de *crenças racionais*, as quais se traduzem por razões fortes compartilhadas pela maioria dos indivíduos. As *crenças racionais* referidas por Boudon permitem a articulação das aspirações pessoais dos sujeitos com as prescrições sociais dominantes, subordinando as primeiras às segundas. Todavia, essas *crenças racionais* estão sujeitas a evolução de acordo com o conhecimento que se vai produzindo acerca dos fenómenos, e que se repercute nas atitudes e nas práticas dos actores sociais, impelindo-os a agir, e a mudar os costumes, e por sua vez a introduzir alterações no Direito.

Nesse sentido, o valor socialmente aceite e estatuído em forma de *norma* confere-lhe um estatuto normativo e censor, regulador de interacções sociais. O imperativo da *norma* assenta na existência de medidas de censura, traduzidas pelo poder de reacção dissuasor e reparativo face ao potencial desrespeito pelo que a *norma* prescreve. Assim, o processo de normatividade permite a regulação e a estabilização de processos, tanto em instituições, como no comportamento dos indivíduos (Bendor, 2001).

No plano do sujeito, um indivíduo é *normal* quando de um ponto de vista normativo consegue corresponder às exigências do meio, orientando a sua conduta a partir das prescrições do sistema normativo. Nesse plano, o estado conforme à *norma* é traduzido pelo ajustamento do sujeito ao sistema normativo dominante.

Todavia, a problemática do valor de determinada *norma* remete para a dimensão da significação do acto que a transgride, para a escala de *desvalor* que assume na normatividade, sua frequência no quadro das desviâncias, e natureza das reacções que as estruturas de controlo social prevêem. A este respeito importa regressar a Machado Pais, «não é apenas na sua vertente *frequencial* que a *norma* se fundamenta, é também na sua vertente *imperativa*: por outras palavras, a norma não representa simplesmente o que frequentemente se faz, mas o que se *deve fazer*. Neste sentido, uma norma é uma regra à qual se deve obedecer e subjacente à qual estão implicadas *sanções*» (2002:132). Em suma, um determinado *valor* assume a qualidade de *norma* quando se impõe ao indivíduo e este se lhe subordina (Debuyst, 1962).

Desse modo é possível definir a *norma* pelo conceito que lhe confere existência. O normativo pressupõe o transgressivo, aquele que lhe confere sentido, e o *desvio* pressupõe o seu aparente contrário e efectiva referência, que é a *norma*. A *norma* é produto de um processo de normatividade, de acordos que permitem a vida em comunidade.

Maurice Cusson define *desvio* como sendo «um conjunto de comportamentos e de situações que os membros de um grupo consideram não conformes às suas expectativas, normas ou valores, e que por isso correm o risco de suscitar condenação e sanções por parte deste grupo» (1995:380). A definição de Cusson remete o conceito para a dimensão das expectativas, normas e valores dominantes num determinado grupo ou comunidade. O *desvio* é considerado a partir de um universo normativo e não a partir de uma característica intrínseca a um determinado comportamento; é o produto de um juízo e não uma qualquer propriedade do comportamento.

No entanto, a dicotomia conceptual da *norma* e do *desvio* não se subsume apenas à explicação fundada nos processos de normatividade estrutural e dominante numa determinada sociedade. O próprio *desvio* possui estrutura interna. Sendo oposição à *norma*, considerada enquanto referência maioritária, o *desvio* contem em si lógica e organização, e como tal uma certa *normatividade* pela qual o comportamento se orienta. No seio de determinados macro-contextos estruturais e normativos, subsistem subculturas desviantes providas de estruturas de *normatividade* relativa aos valores e às práticas às quais os seus elementos aderem e se identificam, enquanto referenciais de conduta, de representações sociais e expectativas pessoais e colectivas, mas em fricção negativa com a superestrutura em que se inscrevem, que as cataloga de forma estigmatizante como subculturas desconformes à normalidade dominante, e por isso consideradas desviantes.

Neste sentido, recorrendo à obra de Canguilhem (1996), poderemos sublinhar que tanto o *normal* como o *desvio* são manifestações da *norma*, imposições da sua própria existência. *Normalidade* e *desvio* são elementos de um tronco comum, fundados na complexa sociabilidade humana, na necessidade de organização e de ordem, e de ruptura; no esforço de dominação e de poder, e de evasão.

O Crime

Através da interpretação da *norma* e do *desvio*, alcançamos o *crime*. O que é o crime senão uma especificidade do *desvio*, e do sentido que a *norma* tem? Muito se tem escrito sobre o crime, e o comportamento criminal. Se nos debruçarmos ao longo do tempo sobre o que se tem produzido acerca do conhecimento científico sobre o crime e os seus agentes, constatamos uma progressiva transferência de interpretações e explicações dos fenómenos criminais outrora assentes numa lógica determinista, ora fundadas em factores biológicos, ora psicológicos ou sociais, para uma articulação-integração de factores de raiz biopsicossocial que se inserem numa lógica de complementaridade e processo, no qual cabe ao indivíduo a tomada de decisão pela determinação da acção.

Entre o fim do século XIX e início do século XX surgem três configurações distintas de análise criminológica do fenómeno do crime, e do delinquente, que continuaram os seus desenvolvimentos ao longo do século XX. Embora fundadas em perspectivas distintas de análise científica, tanto em termos teóricos como metodológicos, contribuíram decisivamente para a discussão e esclarecimento, embora inacabado, da problemática do *desvio* enquanto conceito, assim como desse tipo de manifestação comportamental – crime – que despoleta a reacção social a que juridicamente designamos por *pena*.

Em conformidade com o ângulo de análise teórico-metodológico que essas configurações adoptaram para se debruçarem sobre os seus objectos de estudo, foram denominadas de: *positivismo, racionalismo e construtivismo*[1].

---

[1] Não obstante as configurações *positivista, racionalista e construtivista* funcionarem como modelos de sistematização e organização do trabalho científico, os estudiosos que se orientaram por essas configurações teórico-metodológicas não desenvolveram epistemas herméticos incomunicáveis entre si. Parafraseando Cândido da Agra «as três orien-

A configuração *positivista*, fundamenta a explicação do crime a partir de determinadas características psíquicas e biológicas intrínsecas à constituição do sujeito. A tendência para o crime depende assim de um determinismo biológico e psíquico, enquanto determinação hereditária e causal, do qual o indivíduo não pode escapar. O delinquente é considerado um ser que apresenta características semelhantes às do homem primitivo, dotado de um instinto moral inato, que o impele para a degenerescência criminal. A constituição atávica da moral do delinquente, revela um suposto estado de perigosidade do sujeito, cuja sistematização estruturada dos seus traços anunciam a existência de uma personalidade criminal. Esta tendência para o acto delinquente consiste numa deficiente organização psíquica e social do indivíduo, a qual enfraquece a natureza do vínculo social que o indivíduo mantém com a sua comunidade, baixando os seus níveis de autocontrole, impelindo irremediavelmente o indivíduo para o acto.

O determinismo imposto pela natureza na configuração *positivista*, assume na configuração *racionalista* o epíteto do alcance da razão. O crime não é explicado como dependendo de características inatas aos sujeitos. O crime enquanto valor normativo é definido a partir do contrato social dominante, por referência aos ordenamentos morais e jurídicos vigentes. É a lei que define o que é crime, e quem o comete. Por isso, conformidade e delinquência são manifestações de um mesmo estado: a normalidade. A este respeito, Cândido da Agra refere «querem explicar a criminalidade? Peçam contas à sociedade. Não à sociedade enquanto causa ou factor, mas à sociedade

---

tações podem partilhar e partilham, graças às profundas transformações da epistema, esquemas conceptuais que articulam a explicação estrutural, processual e a interpretação do sentido» (2001:93-94). Embora o trabalho dos estudiosos que se dedicaram à produção de conhecimento acerca do fenómeno da delinquência possa ser enquadrável numa das configurações ou orientações referidas, o desenvolvimento dos seus estudos nem sempre se restringiu à delimitação ideal-tipo da configuração de análise a que são associados. A este respeito, e no âmbito das referidas configurações, podemos referir os seguintes estudiosos: na configuração *positivista* os estudos de Lombroso, Garófalo, Ferri, Júlio de Matos, Pinatel, Durkheim, Eysenck, LeBlanc e Hirschi, entre outros; na configuração *racionalista* os estudos de Beccaria, Bentham, Sutherland, também de Durkheim, Merton, Canguilhem, Debuyst, Gassin, Cusson, entre outros; e na configuração *construtivista* os estudos de De Greeff, também de Debuyst, Hesnard, Mead, Lemert, Becker, Matza, Szasz, Goffman, Digneffe, Pires, Touraine, entre outros.

enquanto sistema cuja estrutura, funcionamento e finalidade sempre implica normatividade e desvio; querem explicar o delinquente e o crime? Peçam contas ao homem honesto e ao comportamento humano normal. O agir anti-social rege-se pela lógica do agir conformista.» (2001:85). O crime é explicado a partir da estrutura e funcionamento da sociedade, e o delinquente definido como um ser dotado de razão, capaz de avaliar as suas acções, escolhendo o seu caminho de uma forma racional, a partir do discernimento estratégico das opções objectivas e acessíveis. «Afinal o delinquente não é produto dos determinismos biológicos, psicológicos, sociais. Nesses factores injecta indeterminismo através dos seus próprios processos mentais, colocados ao serviço de uma finalidade que é comum a todo o humano, a procura do bem-estar.» (Agra, 2001:88).

A compreensão do crime e do delinquente, por referência ao quadro normativo, alarga-se ao processo de reacção social suscitado pelo crime, e à definição subjectiva do delinquente. Referimo-nos à configuração *construtivista*. Neste âmbito, o crime enquanto facto social, definido socialmente a partir de uma estrutura normativa, resulta da reacção social despoletada pela transgressão. O agente do crime assume a qualidade de delinquente na inter-relação com o significado que o acto adquire na consciência dos outros, em obediência aos processos normativos dominantes. «O comportamento desviante é expressão de um sujeito que é ao mesmo tempo instituinte e instituído no jogo de interacções significantes com um dado ambiente físico, social e cultural. O agir delinquente é apenas um elemento numa constelação de outros elementos comportamentais aos quais estão associados atitudes, desejos e valores. É todo o sistema de vida do "actor" situado num dado contexto que dá sentido ao seu acto desviante e normativo.» (Agra, 2001:90). A identidade estigmatizante de delinquente, resulta de um processo de etiquetagem e de atribuição de estatuto negativo ao agente do crime, impelindo-o a que reorganize a sua identidade, o seu posicionamento social, e as suas inter-relações a partir da significação que o acto criminal preenche na consciência dos outros.

Do determinismo biológico, psíquico ou social, como forma de explicar o crime e o delinquente, ou a acção e o seu autor, alcançamos o significado último da acção criminal. O crime, como conceito e fenómeno, depende essencialmente da manifestação de um juízo de valor, enquanto expressão da referência a um sistema normativo, o qual categoriza de uma forma diferencial e gradual a natureza do facto considerado crime, segundo a natureza e gravidade do valor transgredido. Não obstante a discussão em torno dos conceitos de *desvio* e *norma*, os objectos centrais deste estudo são a especificidade do *desvio* na forma de *crime*, quando perpetrado por mulheres no tempo. Por isso se trata de trajectórias criminais. Tal facto pressupõe que o conceito de *desvio* seja susceptível à operação de um exercício de categorização, como forma de definir e catalogar de forma graduada, tanto os actos que são considerados transgressores, como as reacções diferenciadas que despoletam.

Maurice Cusson (1995) propõe a estruturação do *desvio* em sete[2] categorias. A *dimensão criminal* corresponderia à categoria *dos crimes e dos delitos*, enquanto comportamentos manifestados a partir de um determinado grau de voluntariedade. Na esteira dos cinco[3] modos de reacção à normatividade desenvolvidos por Robert Merton (1970), traduzidos numa escala diferencial balizada pelos estados que definem a plena conformidade até à ruptura total com o sistema normativo, Cusson (1995) desenvolve uma escala de voluntariedade no cometimento do acto criminal, gradativa, entre o voluntarismo consciente e subcultural, e os comportamentos (in)voluntários suscitados pela deficiência física ou mental[4].

---

[2] Maurice Cusson refere sete categorias de desvio: *crimes e delitos; suicídio; abuso de drogas; transgressões sexuais; desvios religiosos; doenças mentais; e diminuídos e deficientes físicos* (1995).

[3] Os cinco modos de adaptação/reacção estudados por Robert Merton dependem do estado de equilíbrio de três condições sociais de existência dos sujeitos. Referimo-nos aos objectos culturais, às normas institucionais e às oportunidades reais. A variação conjugada destes três elementos origina um dos cinco modos de adaptação/reacção: *conformismo; inovação; ritualismo; evasão e rebelião*; ora conforme ao prescrito, ora desenvolvendo uma estratégia desviante de modo a satisfazer os seus objectivos, proporcional ao desfasamento entre meios e fins.

[4] A este respeito o autor refere como categorias da escala de voluntariedade: *os desviantes subculturais*, enquanto indivíduos ou grupos sociais minoritários que contestam abertamente o normativo instituído, assumindo o desvio como uma forma legítima de alterar a realidade social; *os transgressores*, enquanto indivíduos que embora reconhecendo a validade da norma a violam para satisfação de um interesse pessoal; *os sujeitos com perturbações do comportamento*, enquanto indivíduos que revelam alterações de comportamento devido à administração no corpo de determinadas substâncias que influem na consciência, agindo sem terem o domínio completo da sua vontade; *os deficientes físicos ou mentais*, enquanto sujeitos que pelo limite das suas capacidades físicas ou intelectuais se poderão situar no extremo da voluntariedade.

A acção humana concretiza-se numa escala de voluntariedade, da plena consciência aos estados de consciência *perturbada* ou *incompleta*. Por outras palavras, o sujeito ao agir, fá-lo num determinado sentido, segundo um certo significado, inscrito nos limites da razão e determinado estado de consciência.

Todavia, independentemente da dimensão da vontade, e dos esforços de categorização do *desvio* e do *crime* e seus agentes, o comportamento criminal é fundamentalmente uma forma concreta e prevista de *desvio* ao sistema normativo. Enquanto prescrição normativa funda-se numa construção jurídico-penal, substanciada num conjunto de valores morais definidores do estado civilizacional da sociedade, cujo objectivo último é a dissuasão preventiva de determinados comportamentos que transgridem esses valores considerados fundamentais. O sistema normativo é, deste modo, a *ultima ratio* jurídica para a manutenção da ordem dominante.

Nos trabalhos desenvolvidos por Émile Durkheim encontramos o conceito de crime definido como sendo «todo o acto que, num qualquer grau, determina contra o seu autor essa reacção característica e que se chama pena» (1977: 87). Também no sistema jurídico-penal português, a alinea a) do Artigo 1.º do Decreto-lei n.º 78/87 de 17 de Fevereiro, vulgo Código de Processo Penal, prevê como crime «o conjunto de pressupostos de que depende a aplicação ao agente de uma pena ou de uma medida de segurança criminais».

Em ambas as referências o conceito de crime está irremediavelmente ligado a uma medida punitiva da transgressão do valor prescrito. O conceito de *pena*, enquanto instituto repressivo e punitivo de determinado comportamento é a medida que em simultâneo, atribui poder simbólico ao valor que procura acautelar, ao sistema normativo de que depende, e ao próprio conceito de crime em si mesmo. Cavaleiro de Ferreira na esteira do pensamento de Kelsen, refere que «a norma não pode destacar-se da sua sanção. É a sanção que lhe dá carácter jurídico; é dela que se extrai a obrigatoriedade da norma» e continua sublinhando «a função valorativa da norma penal é a réplica do valor ou desvalor da acção humana na vida social.» (1981:48-49).

Nesse sentido, poder-se-á referir que a graduação do *desvalor* dos comportamentos definidos como crime e o tipo de medidas punitivas e reparativas previstas, constituem a expressão máxima de um determinado estado civilizacional e dos valores e princípios de que depende. Porque o crime não é algo que resulte da natureza humana, mas da profunda evolução do homem enquanto ser social e moral, e por isso racional.

Assim, conforme vimos, a compreensão do crime enquanto facto social resultante da acção ou da omissão de uma determinada conduta que transgride um preceito jurídico-penal, não se centra apenas no sujeito que produz o acto. Para além da estrutura biológica e psíquica intrínseca ao sujeito, a sua condição de *vivo* inscreve-o em contextos normativos, e por isso eminentemente sociais, nos quais ocupa um determinado posicionamento na interacção com os seus pares. Extrínseco aos condicionalismos ditados pelo corpo e pela mente, o indivíduo enceta desde a fase de infância um processo de desenvolvimento, num percurso socializante sujeito a variadíssimos factores de influência, aos quais reage. Neste âmbito, o crime é um tipo de manifestação, entre outras de outros tipos, adaptativa assim como reactiva a determinadas condições. Inscreve-se no percurso de vida mais vasto que o próprio acto transgressivo, mas que marca o indivíduo de forma indelével pela passagem de um estado *(normativo)* a outro *(desvio-crime)*.

Norma e *desvio*, assim como o crime, são elementos de um mesmo eixo que só aparentemente se opõem. Estão no centro da acesa discussão em torno do que têm representado em cada momento na corrente da história do conhecimento, na qual se tem procurado compreender e explicar a diferença comportamental entre indivíduos, a diversidade cultural entre grupos, e os processos que fundam a ordem e precipitam a ruptura.

Os resultados produzidos pelo conhecimento científico, no que respeita ao esforço de descortinar a raiz originária do comportamento desviante, podem no nosso entendimento ser distinguidos entre aqueles que são intrínsecos à constituição do indivíduo e que radicam em determinadas características biológicas, hereditárias e psíquicas, e outros que são extrínsecos ao indivíduo, porque dependem de um tipo de variáveis existentes nos contextos em que o indivíduo desenvolve a sua experiência enquanto actor social.

A delimitação entre os dois domínios só é possível no plano teórico, pois no plano da prática, da vivência no quotidiano, o que subsiste é uma combinação dos diversos elementos que compõem ambos, complexa, variável e diferencial, de sujeito para sujeito, reorganizada no plano da mente, repercutida na constituição da consciência moral do indivíduo, no modo como este se auto-representa na interacção com os outros, e no quadro do meio em que existe.

Se a tendência ou decisão para delinquir tem sido procurada nos domínios da biologia, da psique, e do social, o crime em si, enquanto conceito e definição é, como vimos, eminentemente exterior ao indivíduo. É um conceito relacional, da ordem do normativo, porque a sua existência depende da organização dessa estrutura. Pizarro Beleza refere que «o conceito de crime é, de facto, um dos maiores problemas de qualquer raciocínio criminológico, designadamente do que se move num paradigma etiológico. Não apenas dada a variabilidade do catálogo legal (e contra esta limitação, Garofalo propôs a noção de "crime natural", e a sociologia americana a de desvio – com os problemas do aparente aumento de incerteza) ou a submissão a uma pré-definição do seu próprio objecto (neste sentido, o paralelo com a Teologia feito por Baratta, 1980).

Mas também – e de alguma forma *sobretudo* pela conflação operada numa palavra, num conceito pleno de conotações negativas ("crime") de actos, comportamentos, situações que são profundamente diversas» (1990:97). A estrutura do Código Penal, e a extensa legislação penal avulsa, atestam a dimensão e a variabilidade de definições concretas daquilo que é considerado crime, sem embargo dos processos de mudança legislativa, reflexo das alterações na esfera axiológico-normativa e no estado sócio-político da sociedade, que conduzem a processos ora de neocriminalização, ora de descriminalização de determinados tipos de comportamentos.

Impõe-se pois que prossigamos na exploração dos elementos que subjacentes ao estudo longitudinal de trajectórias criminais femininas, nos conduziram à opção pela análise através de elementos constituintes de uma lógica de processo em detrimento de uma lógica fundada em variáveis estruturais.

Capítulo II
Enfoques estruturais e processuais na descodificação do comportamento criminal

Ao longo da história do conhecimento produzido acerca do comportamento criminal, têm sido apresentados estudos que procuram explicar e interpretar as variáveis subjacentes à manifestação do crime, recorrendo a elementos ora estruturais, ora processuais presentes na vida dos indivíduos.

Podemos diferenciar esses estudos em dois grandes grupos. Os que recorrem a variáveis estruturais e outros que recorrem a variáveis processuais.

Variáveis estruturais são elementos intrínsecos, como os que têm origem na biologia e na psique, e extrínsecos, como os que têm origem no meio social, subjacentes à formação do sujeito, com potencial explicativo das relações existentes entre o tipo, estado e evolução da variável, e determinada manifestação de comportamento desviante de tipo criminal. Importa sublinhar que o que se procura explicar é o grau da relação diferenciável das variáveis, e por isso explicativas numa lógica probabilística, quando não causal, com o comportamento transgressivo. Ou seja, de que forma se combinam, de modo a produzir no comportamento humano esse efeito típico que designamos por *crime*.

As variáveis processuais ou de processo, fundam-se numa lógica de tempo e significado, e mais do que explicar as causas do crime, procuram interpretar o crime enquanto elemento de um processo mais vasto na vida dos sujeitos, no qual as variáveis estruturais poderão adquirir sentido num processo evolutivo, situado e contextualizado; referimo-nos à análise de histórias, modos e estilos de vida que subjazem à lógica das trajectórias. É a dinâmica do tempo a intervir na evolução etária dos sujeitos e na sua formação bio psicossocial. A experiência enquanto indivíduos e actores sociais.

O tempo, é o elemento que medeia a estrutura e a acção do sujeito. É a variável que possibilita que a experiência do indivíduo e a sua trajectória de vida adquiram sentido e significado, e que a inscrição do acto transgressivo possa ser interpretada.

Integrando as dimensões estrutural e processual na problemática do comportamento criminal, verificamos que a razão subjacente aos resultados probabilísticos ou causais da relação variável-explicativa-crime, inserem-se necessariamente no sistema de vida do sujeito e no contexto social em que esse se desenvolve, adquirindo o seu comportamento sentido.

Todavia, o comportamento criminal pode e deve ser abordado também com recurso a variáveis estruturais. No entanto, é um facto que o crime quando ocorre, é experiência do num determinado momento do processo de vida no qual interagem as mais diversas variáveis protectoras ou de risco da tendência para o acto.

Daí que cada projecto científico tenda a centrar-se analiticamente sobre cada uma delas, buscando-lhes a lógica explicativa da influência para o acto, e a interpretação da acção. Se as distinguimos é porque em ciência para se produzir conhecimento tem que se proceder a um processo operativo de análise dos fenómenos e tal implica que esses sejam divididos nos seus mais variados e diferentes elementos que os constituem, desarticulando-os nas suas partes, e desideologizando as representações estereotipadas a que nos habituámos.

É nesse contexto de diversidade científica que importa determono-nos um pouco mais sobre o que entendemos por abordagens fundadas nas dimensões biológica, psíquica, social, e integrativa dessas três dimensões (a qual, como veremos, é muito mais que o produto dessa associação), para finalmente procedermos à explicação fundamentada da opção pela linha teórica e metodológica pela qual conduzimos o presente estudo.

O Biológico

A concepção do *desvio* e da *norma* no contexto das abordagens elaboradas pelas ciências que se fundam na biologia, não deriva da organização nem do modo de funcionamento das estruturas sociais articuladas e hierarquizadas na sociedade. A transgressão a uma norma funda-se em factores intrínsecos à constituição do indivíduo, que poderão em si potenciar um determinado comportamento desviante. Na esteira de Cristina Queirós (1997) poderemos distingui-los em quatro categorias: genéticos, bioquímicos, neurológicos e psicofisiológicos [5].

A neuropsiquiátra Lise Moor (1967), nos estudos que desenvolveu no domínio da influência da genética no comportamento delinquente, sublinhou que embora em determinados indivíduos se tenha diagnosticado uma associação entre manifestação de comportamentos delinquentes e uma determinada anomalia cromossomática [6], esse facto não implica que a tendência para o acto seja suficiente para

---

[5] Os primeiros sustentam a hipótese da hereditariedade poder estar na base de um processo de transmissão de uma determinada anomalia cromossomática potenciadora de uma provável tendência para o indivíduo exprimir comportamentos considerados transgressores à norma. Neste domínio, as explicações deterministas têm vindo gradualmente a dar lugar a interpretações de pendor probabilístico.

Os estudos bioquímicos procuram identificar no organismo humano substâncias que pela sua quantidade e composição possam agir aos níveis metabólico (os casos do colesterol e do açúcar), neuroendócrino (referente às hormonas), e neuroquimico (centrado ao nível dos neurotransmissores), facilitando a emergência de comportamentos desviantes. O decurso dos estudos realizados nesta área revelam que os mecanismos moleculares podem produzir efeitos diferentes consoante as características particulares de cada indivíduo e as circunstâncias em que esse se encontra.

Os estudos neurológicos pretendem explicar a possível relação causal entre desordens do comportamento e lesões em áreas determinadas do cérebro que têm funções específicas relacionadas com o equilíbrio emocional e o autocontrole do indivíduo, na sua relação com o meio e interacção com os outros.

Os últimos, desenvolvidos essencialmente em contexto de laboratório, pretendem estimar em que medida a intensidade de resposta da actividade do sistema nervoso central, medida através de índices de reacção fisiológica, poderia estabelecer uma relação explicativa do comportamento desviante, de pendor criminal. Os resultados das experiências conduzidas têm revelado que os indivíduos que manifestam comportamentos delinquentes apresentam uma menor activação do sistema nervoso, presumindo-se que uma alta intensidade de resposta a nível fisiológico poderá obstar à tendência para delinquir.

[6] «Les sujets de sexe masculin à chromatine positive et les sujets à caryotype xyy sont beaucoup plus répandus parmi les délinquants que dans la population générale ou même que dans les populations de débiles mentaux sans troubles du comportement.» (Moor, 1967:471)

que a fatalidade da consumação se concretize. Há que ter em consideração outras variáveis de carácter psicológico e sociológico.

Não obstante o pendor determinista[7], e nalguns casos fatalista, revelado ao longo da história do conhecimento por algumas das interpretações de resultados de estudos fundados em factores biológicos, o pendor das análises produzidas sobre o crime e os seus agentes, a partir deste tipo de enfoque, tem progressivamente atravessado um processo de «transição da *biologia das causas* para a *biologia dos processos*» (Queirós, 1997:37). O potencial explicativo das variáveis de tipo biológico, nos diversos planos em que se manifestam, tem vindo a ser articulado e complementarizado no estudo do comportamento humano, com recurso a variáveis de tipo psíquico e social. Recorrendo a Cândido da Agra e seus colaboradores, «interpretando os factores biológicos como um dos níveis da personalidade do sujeito (segundo a teoria do sujeito autopoiético, na qual a personalidade é apresentada como um sistema auto-organizador constituído por níveis, Agra, 1990) será possível articular o nível biológico com outros níveis da personalidade, bem como com os níveis do acto transgressivo e com o significado deste (Agra, 1990)» (Queirós, 1997:49). Necessitamos por isso de explorar o domínio da mente, ambiente no qual se vai organizando a identidade do sujeito.

A Psique

Na esfera da psique também se têm procurado explicações para a compreensão da orientação comportamental que certos indivíduos apresentam para a transgressão à *norma*, estudando para o efeito a vida psíquica desses sujeitos. Neste âmbito não se procura identificar qualquer estigma biológico que associe o comportamento criminal a qualquer *reminiscência atávica*, *lesão ética* ou *atavismo psíquico*[8];

---

[7] O erro de Lombroso assenta no estabelecimento de uma relação causal e directa entre as características físicas e o estado psíquico e comportamental do delinquente. Erro repetido por outros investigadores, a partir de outras concepções explicativas do comportamento delinquente.

[8] Respectivamente, os estudos desenvolvidos por Lombroso, Ferri e Colajanni, entre outros.

procura-se compreender os processos subjacentes aos mecanismos da psique que poderão potenciar a tendência para o comportamento criminal.

Os estudos desenvolvidos a partir da psicanálise[9] centram-se na identificação das energias obscuras, porque aparentemente irracionais, responsáveis pelo conflito interno entre os impulsos naturais e as resistências adquiridas ao longo do processo de socialização, potencialmente responsáveis pelo desenvolvimento da tendência para o comportamento desviante na personalidade dos indivíduos. O inconsciente é a esfera mais poderosa e extensa da vida psíquica, constituída pela energia latente do instinto e pelas experiências traumáticas da infância à fase adulta, as quais podem despoletar comportamentos transgressores ao estabelecido.

A análise da personalidade do indivíduo resulta do conhecimento que se produz acerca dos elementos que a compõem, e dos mecanismos que os regulam. Referimo-nos ao *Id*, *Ego*, e *Super-ego*. O *Ego* é o elemento intermédio que tem como função estabelecer o equilíbrio instável entre a autoridade do imperativo categórico do *Super-ego*, e o instinto primário do *Id*.

Segundo Celina Manita (1997) a prática do delito não é causado por um certo traço de personalidade que determina o indivíduo como marginal ou delinquente. A transgressão é explicada por um conjunto imbricado de factores, que se situam ao nível do contexto em que se desenvolve a acção, e dos processos cognitivos, afectivos e experienciais que o sujeito ao longo da linha de vida experimenta, e produz sentido. Na esteira de E. De Greeff, Mendes Correa, e Cândido da Agra (*Apud* Manita, 1997), entre outros, esta investigadora procura explicar o comportamento delinquente a partir dos *processos complexos* que estão subjacentes ao acto de transgredir, descortinando o sentido que a própria transgressão adquire na consciência do sujeito. Para Manita «o delinquente não é um ser diferente por natureza ou qualidade; é um indivíduo igual ao indivíduo dito «normal», diferindo apenas, quantitativamente, em relação a um certo número de características que facilitam, nele, a passagem ao acto. Deixamos de estar, finalmente, perante um «atávico» ou um degenerado, compromete-

---

[9] As obras de Freud, Adler, e Jung, entre outros.

dor da espécie humana, para passarmos a estar perante um indivíduo com uma história pessoal e todo um conjunto de processos psicológicos, afectivos, morais, sociais, etc., que o conduziram à criminalidade» (1997:64).

Também na dimensão da psique, o conhecimento que se produz acerca do comportamento criminal deixa de se ater apenas ao plano dos processos obscuros que ocorrem na mente do sujeito, para se articular com outras variáveis que embora exógenas à natureza psíquica, a influenciam no decurso da construção do processo evolutivo da vida do indivíduo.

O Social

Conforme expusemos, se «os factores biológicos propõem, mas não dispõem do comportamento criminal» (prefácio de Agra *in* Marques-Teixeira, 2000:12), também os factores que estão na base da organização da vida psíquica do sujeito poderão despoletar a acção latente, mas não determinam o fatalismo do acto. Para além das anomalias em razão de factores biológicos, e de deficits nos processos psíquicos, há que identificar as variáveis que no decurso do quotidiano do sujeito são extrínsecas a si, e que consigo se relacionam, por isso consideradas à posteriori. Localizamo-las nos contextos em que os sujeitos se desenvolvem e integram enquanto actores sociais. Reportamo-nos às dimensões que compõem os diversos *processos de socialização* que os indivíduos ao longo do tempo de vida são sujeitos, fazendo parte dum *processo civilizacional* mais alargado, no qual o desenvolvimento das dimensões sociocultural, económica, religiosa e política assumem uma função crucial.

Não obstante a aparente acção disfuncional do crime, Émile Durkheim (1977) nos seus estudos considera-o fenómeno normal, na medida em que se encontra ligado às condições básicas da vida em sociedade, contribuindo de algum modo para a evolução da moralidade e da justiça. Na óptica deste autor, a estabilidade de uma comunidade depende do grau de solidariedade, e da densidade de relações existentes entre os seus membros, e do tipo de controlo social vigente, os quais se repercutem na vida particular dos indivíduos, reproduzindo o resultado dos efeitos da estrutura através da manifestação do comportamento.

Todavia, não nos parece que as variáveis existentes no contexto social, em que os sujeitos desenvolvem os seus quotidianos, ajam de um modo determinista sobre o seu comportamento. São variáveis que no decurso do processo de vida do sujeito o limitam a determinadas condições, mas não lhe impõem necessariamente uma determinada resposta comportamental. Por isso, conceitos como *anomia*[10], *subculturas delinquentes*[11], *associação diferencial*[12], ou teorias como *reacção social*[13], *escolha racional*[14], entre outras, que apresentam interpretações explicativas do crime a partir da variação do comportamento de determinadas variáveis sociais ou psico-sociais, apenas encerram em si uma parte explicativa do fenómeno a partir dos enfoques teórico-metodológicos que os sustentam cientificamente.

---

[10] A anomia é um estado de desregulação social fundado na falta de coesão social com repercussões ao nível do sujeito, através de potenciais manifestações de comportamentos desviantes. O conceito de anomia refere-se a um estado simultaneamente desregulado e desregulador. No plano da organização social significa que as alterações ocorridas na sua estrutura não foram acompanhadas da capacidade social e política de regulamentação dos novos processos e das novas relações sociais. Tal facto repercute-se ao nível do sujeito através da descoincidência entre condições objectivas de existência, moral e aspirações do sujeito.

[11] As subculturas delinquentes são geralmente definidas como manifestações sócio-culturais, muitas das vezes étnicas, e territorializadas, podendo caracterizar-se pela expressão de determinado tipo de linguagem e estilo de vida. Co-existem com a cultura dominante, nos limites da estrutura axiológica desta, por entre a estrutura normativa daquilo que é considerado aceitável e inaceitável, e à qual geralmente não aderem.

[12] A associação diferencial refere-se a um processo, no qual o comportamento delinquente é apreendido no decurso da convivência em grupo. O ser delinquente, é neste sentido, um processo de aprendizagem, no qual a carga simbólica negativa relacional entre custo-benefício do desvio e do crime, é ultrapassado pela incorporação no indivíduo de concepções que favoreçam a adesão à expressão e prática de comportamentos transgressores à norma.

[13] A teoria da reacção social, funda-se na assunção de que a concepção daquilo que é considerado crime ou conforme à norma depende da estrutura normativa e da reacção da comunidade. A gravidade de determinado comportamento desviante depende da reacção social que suscita, em defesa e reparação do estabelecido.

[14] A escolha racional, baseia-se na premissa de que o indivíduo ao cometer determinado crime, antes de se ter determinado a perpetrá-lo procedeu a partir de um determinado esquema de opções racionalizáveis, nas quais estão presentes as vantagens e desvantagens do acto que decidiu tomar. É, em suma, uma questão de gestão dos custos que as oportunidades suscitam.

O crime é um facto social produzido por sujeitos dotados de organização psíquica e herança genética. Nesse sentido, «a criminalidade não é um fenómeno uno nem estático e seria ingénuo acreditar que um mesmo processo ou um conjunto fixo de elementos (sejam traços ou estilos ou qualquer outro conceito similar) estivesse na base de todo o comportamento transgressivo, na sua intensa dinâmica, variabilidade e complexidade» (Manita, 1997:72). O que existe são «diferentes formas de organização e estruturação dos estímulos do meio e dos nossos processos internos e de relação com o mundo exterior, os quais conduzem a diferentes construções da realidade e a diferentes construções e organizações da Identidade e da Personalidade, em função dos quais o indivíduo definirá diferentes formas de agir e de se situar na relação com os outros e com o mundo» (Manita, 1997:76). É o mote para de seguida discorrermos acerca do processo de *auto-organização* do sujeito, desenvolvido por Cândido da Agra, enquanto plano onde se articulam as dimensões do biológico, do psíquico e do social numa integração bio psicossocial.

E a articulação-integração no plano biopsicossocial

O sentido qualificável dos actos humanos circunscreve-se ao momento determinado; ao instante em que se tornaram factos. Todavia, o significado do acto em si, enquanto produto de um processo, apenas se torna inteligível se nos debruçarmos sobre o percurso dos acontecimentos que o despoletaram; da vaga sucessiva de factos que fazem a sua trajectória especifica, marcando o sujeito de forma indelével. O indivíduo a partir dos contextos em que se exprime, age em função da interpretação que vai construindo do mundo, das tramas que aí se desenrolam, e nas quais participa enquanto interprete de si, do sentido que atribui aos objectos com que interage, e do significado que adquirem na sua trajectória de vida. Referimo-nos ao processo de organização do indivíduo, enquanto sujeito provido de identidade e produtor de sentido(s).

No contexto da Teoria Geral do Sujeito Autopoiético, Cândido da Agra (1986 a 2001) explica o comportamento transgressor, enquanto expressão humana, integrando-o no processo complexo de *auto-organização* do sujeito, composto pela relação estabelecida entre o *sistema da personalidade*[15], definido como a matriz das condições de possibilidade para que a acção ocorra, e o *sistema da acção*[16], definido como o processo de manifestação da personalidade e de concretização das condições para que a acção se efective, produtora de resultados providos de *sentido(s)*[17].

Nas palavras de Agra «entre o etológico, ou a biologia do comportamento, e o ético, não há solução de continuidade, mas sim uma formação ascendente (designei-a, noutro lugar, de sistema etoético) composta por vários níveis de integração que permitem uma doce passagem do facto ao valor, da ontologia à teleologia. Dessa formação, emerge um sujeito concebido como artista de si próprio, capaz de se criar outro a partir das suas matérias factuais (biológicas, psicológicas, sociais). Chamei-lhe *sujeito autopoiético*: aquele que transforma os seus factos objectivos em valores subjectivos, distribuídos por diferentes e múltiplos planos de significação existencial»[18]. As significações que as *coisas* adquirem na consciência do indivíduo, não provêm de uma determinação biológica ou de um processo directo de causa-efeito social ou psíquico. A identidade do sujeito não é determinada de uma forma directa por processos à priori ou intrínsecos à sua condição de espécie, nem à posteriori por relações causais que extrínsecas o enquadrem num determinado contexto social. Ao existir o indivíduo tende a organizar o seu quotidiano a partir de si próprio, construindo a sua identidade a partir desse esforço de auto-organização.

Para além da lógica da biologia das causas, do psiquismo que subjaz ao estado de consciência, e aos contextos sociais em que o sujeito experiência a sua existência, o indivíduo é em si o elemento

---

[15] Composto pelos estratos: neuro-psicológico, psicosensorial, expressivo, afectivo, cognitivo, experiencial, e político.

[16] É composto por vários conjuntos de actos: psicobiológicos; simbólico-expressivos; afectivos, cognitivos; e críticos.

[17] O autor refere que existem quatro «planos de significação»: ontológico, deontológico, lógico, e teleológico.

[18] Excerto da comunicação proferida por Cândido da Agra subordinada ao tema «Droga: dispositivo crítico para um novo paradigma» no âmbito do Seminário *Droga: Situação e Novas Estratégias*, promovido por Sua Ex.a o Presidente da República, realizado em Lisboa, a 19 de Junho de 1997.

auto-organizador da sua própria identidade, assim como do(s) sentido(s) e significado(s) que os objectos do mundo adquirem para si. Por isso «a utilização do actual paradigma científico, o paradigma sistémico-comunicacional-informacional (Agra, 1986a), permite ter uma visão complexa do ser humano, pois ao considerá-lo como um sistema biopsicossocial, realça não só a existência dos níveis biológico, psicológico e social, separadamente, mas também a articulação e comunicação entre eles» (Queirós, 1997:38). E é através do exame efectuado à sua trajectória de vida que as variáveis estruturais e as manifestações do indivíduo adquirem sentido por relação aos valores normativos existentes na sociedade em que vive. Variáveis estruturais que se inscrevem no tempo, em determinados estados evolutivos, e no espaço, em contextos específicos, nos quais os sujeitos desenvolvem as suas vidas. Referimo-nos a uma lógica de processo, a um encadeamento sucessivo de fases de vida, necessariamente delimitadas pelo meio e pela trama em que toda a experiência se desenrola. É pois sobre o conceito de trajectória, e em particular sobre as trajectórias criminais, que nos iremos centrar, enquanto processo no qual as variáveis estruturais se manifestam e adquirem sentido.

Todavia importa ainda sublinhar, que não obstante a complexidade do conhecimento incompleto do conceito de crime e suas manifestações, no âmbito do projecto que desenvolvemos, o conceito de crime é tomado enquanto construção sócio-juridica por referência a uma estrutura axiológico-normativa dominante num determinado espaço – sociedade portuguesa – e num determinado intervalo de tempo – de 1983 a 2003 – elementos que contribuem para a caracterização do estado evolutivo da comunidade, a qual estabelece e discrimina determinados comportamentos tidos como lesivos da ordem dominante. Esses comportamentos são os inscritos na forma típica da lei penal, e inscritos nos registos da Polícia Judiciária, referentes a pessoas do sexo feminino. Nesse sentido, as trajectórias em estudo serão tomadas estritamente na base da análise de conteúdo de registos policiais situados num intervalo de tempo, seguindo a sequência cronológica de eventos criminais imputados a um determinado conjunto de pessoas, dotadas de certas características.

Capítulo III

A abordagem longitudinal sobre trajectórias criminais representa a análise do transgressivo no *continuum* do tempo

As trajectórias criminais enquanto manifestações do complexo bio psicossocial do comportamento humano, implicam que se eleja a intervenção do tempo no processo de vida do sujeito, em detrimento de nos centrarmos analiticamente sobre variáveis de tipo estrutural. O estrutural neste âmbito será tratado enquanto elemento conjuntural num processo em que o que se procurará interpretar é o indivíduo no tempo; a evolução das suas manifestações num determinado intervalo temporal.

Tal opção remete-nos para as experiências metodológicas dos estudiosos da Escola de Chicago, referindo como exemplos Robert Park, Ernest Burgess, Louis Wirth e Paul-Henri Chombart de Lauwe[19] como os mais significativos, os quais ao recuperarem alguns dos conceitos desenvolvidos por Georg Simmel[20], Émile Durkheim[21] e Charles Darwin[22], procuraram interpretar o homem urbano e a cidade num período em que no espaço urbano se operaram profundas alterações físicas e humanas.

É a Escola de Chicago que pela primeira vez institui uma corrente de pensamento que procurou analisar os diversos modos de

---

[19] A Escola de Chicago dos anos 20 do século xx desenvolveu duas perspectivas importantes designadas de Ecologia Humana, da qual se destacam Robert Park e Ernest Burgess, e de Culturalismo Urbano, da qual se destacam Louis Wirth e P.H. Chombart.
[20] Teoria da Cultura Urbana.
[21] Teoria da Anomia ou da Desregulação Social.
[22] Teoria da Evolução das Espécies.

vida, integrando as dimensões tempo e espaço como elementos fundamentais para a interpretação dos percursos de vida dos sujeitos. Os modos de vida, estudados a partir do *método biográfico* ou de *histórias de vida* são, nesse sentido, recondutivéis ao objecto do nosso labor, que é o estudo das trajectórias criminais.

O aumento populacional das cidades, em densidade e diversidade, decorrente das revoluções industriais e tecnológicas, e dos fluxos (i)migratórios, ocorridos nos Estados Unidos da América e nos países da Europa Ocidental, durante o século XIX e XX, produziram profundas alterações nas cidades, reorganizando no espaço as estruturas produtiva e social. A oferta de trabalho fabril, a habitação, e a expectativa de melhores condições de vida, suscitaram a vinda de inúmeros (i)migrantes para a cidade, obrigando a um processo de crescimento urbano e de recomposição social, no qual se assistiu à passagem de uma sociedade pré-urbana para uma sociedade urbana.

A formação de cidades, como Chicago, com elevado número e densidade populacional, onde dominam percentagens consideradas de (i)migrantes, suscitou em alguns que nela habitaram a experimentação de dificuldades de diversa ordem: fosse na acomodação na estrutura habitacional; na inserção no mercado de trabalho; ou na adaptação ao ritmo de uma grande cidade. Tais factos, suscitaram o enfraquecimento dos laços primários entre indivíduos, dando lugar ao domínio das inter-relações de carácter secundário, ao anonimato, a fenómenos marginais de indigência, à vadiagem, à formação de grupos que sobrevivem de expedientes marginais ou mesmo na esfera da delinquência.

Na sequência de Georg Simmel e Émile Durkheim procura-se no percurso de vida do indivíduo os elementos que caracterizam a especificidade da cultura urbana. Um modo de vida especifico delimitado às condições físicas e sociais existentes na cidade, que facilitam a indiferença, o anonimato, e o domínio das relações de carácter secundário, as quais, segundo Durkheim (1977), passam a ser reguladas de uma forma designada como orgânica, na qual, como efeito contraditório da diversidade da divisão do trabalho e especialização profissional, produzem um processo de competição individualista, próximo da anomia.

Estudam-se os fenómenos sociais urbanos, as suas mutações na relação com o espaço, a distribuição humana pelas diversas zonas da cidade, a mobilidade social, as manifestações-problema. Em suma, por entre o paradoxo de um ambiente dominado pelo dinamismo urbano, pela criatividade cultural, pelo desenvolvimento económico, e por representações várias de uma existência confortável e agradável, subsiste um ambiente poluído resultante da intensa actividade industrial, do estado de anonimato das multidões, da agressividade e da desconfiança, do crime e da violência, da corrupção, da pobreza extrema em bairros degradados, os quais mais não são que bolsas de pobreza entre a opulência. Este antagonismo, próprio do paradoxo humano, demonstra o profundo processo de desigualdades existente nas cidades, em que o bem-estar de uns e o próprio desenvolvimento se opõe, e por vezes é conseguido, à custa da manutenção da miserabilidade de outros. Em suma, o objectivo da Escola de Chicago focou-se acima de tudo, na interpretação das alterações ocorridas no tecido urbano, na recomposição das estruturas que compõem o espaço urbano, assim como na compreensão do sujeito enquanto agente de mudança.

As trajectórias na Escola de Chicago são abordadas segundo uma perspectiva de análise do sujeito territorializado numa determinada zona urbana e num contexto cultural especifico, o qual gera um modo de vida urbano, consentâneo com as representações que os sujeitos fazem de si e do meio em que vivem, das relações que mantém, e das práticas que adoptam. Marginalidade e delinquência foram duas das dimensões de análise, mas inseridas num processo mais vasto da vida dos sujeitos, no qual a evolução do indivíduo pelos caminhos da normatividade e da desviância se fazem um só, confluindo no sentido da construção da sua identidade e do seu estilo ou modo de vida[23].

Norma e *desvio*, assim como o *crime*, são uma constante nas reflexões de Chicago. Mas, de que forma se inserem, a norma e o desvio, nos modos de vida? De que forma é que a norma e o desvio,

---

[23] Nesta fase importa definir o conceito «estilo de vida» e distingui-lo do conceito «modo de vida»; o modo de vida é dado pela natureza social, económica, etc, do contexto em que o indivíduo se encontra integrado. O estilo de vida caracteriza-se pelo espírito de pertença a um grupo e com as suas opções. Diria que o modo de vida se caracteriza mais pelas condições materiais e objectivas de vida, enquanto que o estilo de vida se caracteriza pela natureza subjectiva das práticas que o indivíduo adopta ao interagir com as primeiras.

assim como o crime se exprimem nas trajectórias dos sujeitos? Estamos, pois na fronteira das franjas do interdito. O propósito de nos debruçarmos sobre o estudo de trajectórias criminais, e particularmente expressas pelo género feminino, implica que nos centremos no domínio do interdito, traduzido pelos factos transgressivos de tipo penal manifestados ao longo de um determinado intervalo de tempo. Procuraremos interpretar a forma como os indivíduos inscrevem esse interdito nas suas vidas. Que tipos de crimes cometem, e que sequências delitivas exprimem.

A definição dos elementos objectivos dos factos que se consideram crime varia consoante a estrutura axiológico-normativa das sociedades. Situa-se num contexto externo à constituição do indivíduo. Todavia, a condição primeira e última do sujeito, enquanto agente social, é agir, interagindo com os seus pares. É a manifestação do comportamento do sujeito, no sentido da transgressão ou da conformidade com a *norma*, que confere validade e também sentido ao próprio sistema normativo, reproduzindo-o.

Invocando os trabalhos de Jean-Claude Passeron (1998), os factos manifestados pelo indivíduo podem ser inscritos em três dimensões explicativas e interpretativas do sentido que adquirem na lógica do fluxo de vida do sujeito. São em simultâneo, o produto de um quadro histórico, onde o sujeito ocupa o seu lugar num determinado contexto sociopolítico e económico; o resultado da vivência nos contextos em que o sujeito desenvolve o seu quotidiano a partir das oportunidades objectivas que lhe são acessíveis; e por último, a reacção subjectivada em função das expectativas que o animam e das oportunidades que pode aceder, seleccionando-as em função de determinado quadro axiológico-normativo, decorrente do qual estrutura e organiza a sua intenção de acção.

Não obstante o destino do sujeito ser escrito por si mesmo que o vive e experiência, a partir da interpretação que faz daquilo que o cerca e lhe acontece, o devir da sua trajectória integra-se em contextos mais alargados que os próprios espaços de vida onde se manifesta como pessoa eminentemente social. Estende-se até às estruturas organizacionais da sociedade; dos valores dominantes, à constância normativa e funcional das suas instituições, nas quais o indivíduo adquire determinado posicionamento. É uma espécie de interpenetração do local com o global, do individual com o colectivo, da micro estrutura com a macro estrutura, numa constante recomposição e ajustamento. É, em suma, a expressão da estreita ligação entre a realidade sócio-histórica e a evolução biográfica do indivíduo.

Voltando a Passeron (1989), existem dois quadros teóricos a partir dos quais se pode proceder à análise empírica de estruturas longitudinais de fluxos individuais: o primeiro, fundado no pensamento de Durkheim procede à institucionalização da inteligibilidade da trajectória individual no tempo social em que é produzida, subordinando o sentido e o significado da trajectória do indivíduo à determinação das estruturas sociais que a precedem; o segundo, arreigado ao pensamento de Sartre, concebe a trajectória do indivíduo como sendo produto simultaneamente da acção social dos sujeitos e do determinismo social das estruturas.

Neste sentido, toda e qualquer estratégia de trajectória individual está, à partida, social e estruturalmente condicionada pelas normas e definições sociais existentes. Desse modo, a capacidade de decisão e a possibilidade de orientação do itinerário simbólico do indivíduo, é em certa medida uma *probabilidade à posteriori ou condicionada* pelas estruturas que o precedem (Passeron, 1989).

No que se refere ao conceito de trajectória, Pierre Bourdieu (1979) define-o a partir do conceito de *habitus*. Este último é concebido como um sistema de disposições estruturado pelas práticas e representações sociais, e estruturante dessas, dependente do volume de capital herdado e construído pelo indivíduo, e incorporado no seu sistema de disposições durante o processo de socialização. Nas palavras de Firmino da Costa «os sistemas de disposições constituiriam, por seu turno, uma espécie de princípios geradores de acções e apreciações, accionados nas mais diversas circunstâncias da vida social.» (1992:85).

Qualquer trajectória está condicionada pelo tipo de uso que o indivíduo faz dos diversos tipos de capital que possui, quais recursos materiais e humanos, e de conhecimento, que embora limitados à escassez das condições objectivas do indivíduo posicionado socialmente, e por isso condicionado por determinado contexto, definem o sentido da sua trajectória pessoal a partir da percepção e da apreciação que faz dos factos, das representações que constrói e das expectativas que alimenta decorrentes da interacção mantida com os outros.

Nesta óptica, a trajectória do indivíduo é essencialmente produto de um processo de ajustamento, segundo uma determinada estratégia desviante ou não, do seu sistema de disposições e no fundo de vida, às condições objectivas que o condicionam.

Recorrendo a Passeron (1989) e a Bourdieu (1979), poderemos referir que a trajectória social do sujeito, em razão da incorporação de um sistema de disposições duráveis, reflecte um determinado estilo de vida, ao qual está inerente uma *interiorização do provável*, numa sequência reprodutiva de práticas e representações que no fundo são o reflexo da estrutura e organização do seu *habitus* condicionado às condições objectivas de existência. Nesse sentido, a informação inscrita nos registos que constituem a fonte de informação do projecto que urdimos, são vestígios, fragmentos da acção do sujeito, organizados segundo uma lógica de tempo, constituindo-se assim em elementos de interpretação do seu próprio percurso.

A construção teórica de trajectórias criminais com base em registos policiais, permite estruturar os elementos que marcam o seu fluxo, numa perspectiva sincrónica ou diacrónica de acontecimentos, a partir dos quais se organizam modelos de coerência, providos de significado, do sentido que a continuidade, a sucessão, e a própria ruptura entre a sequência de factos assumem no tempo do indivíduo.

Marie-Danièle Barré e Marie-Lys Pottier (2003) num estudo conduzido com base em dados registados por uma instituição oficial de controlo social, homóloga da Polícia Judiciária, referem que as trajectórias criminais estudadas são eminentemente *trajectórias institucionalizadas*. O carácter do conceito *institucional* empregue por estas estudiosas refere-se ao facto de a construção teórica dos percursos criminais se dever à acção de uma instituição com funções de controlo social. Não obstante a natureza inerte da fonte de dados, a sua referência temporal, permite-nos traçar pelo menos parte da biografia dos sujeitos.

Frederic De Coninck e Francis Godard (1989) afirmam que a dimensão temporal, referida como processo sequencial de determinados acontecimentos objectivos, é acima de tudo o primeiro elemento de inteligibilidade de uma trajectória, na qual a causalidade se circunscreve ao momento em que os elementos se relacionam e produzem determinado efeito.

Nesse sentido, os registos policiais, enquanto material empírico, são elementos eminentemente históricos que se reportam não só à existência e ao tipo funcional da instituição Polícia Judiciária, como e particularmente no caso do nosso projecto, a fragmentos de itinerários de trajectos individuais fixos no tempo. As trajectórias que esses registos permitem construir são acima de tudo narrativas antropológicas nas quais, se produz significado num determinado sentido, através da lógica do tempo e do sentido que a sucessão dos eventos adquire no fluxo temporal contextualizado e situado.

É um trabalho de reconstrução sequencial de dados fundado no estudo da evolução temporal de propriedades inerentes, ou de factos atribuídos a determinados indivíduos, que não se resume ao estabelecimento de relações entre ocorrências. O que se procurará compreender é a inteligibilidade da sequência, de modo a produzir determinado significado.

Em suma: o que são trajectórias? Como as definir? Cândido da Agra e Ana Paula Matos referem que «o conceito de trajectória, é inerente ao modo de explicação processual que implica a descrição do movimento que liga diferentes estados (pontos) num espaço vital.» (1997:39). A conceptualização do significado do conceito de *trajectória* desenvolvida por estes autores revela a presença das noções de tempo e de interacção. Se a noção de tempo introduz no conceito uma dimensão dinâmica, a noção de interacção introduz uma dimensão de significado. Nesse sentido, uma *trajectória* é algo provido de significado, produzido por um sistema ao longo de uma linha de tempo, a qual implica que esse sistema se relacione com outros sistemas, e que evolua enquanto sucessão de pontos ou estados ao longo dessa linha temporal (Brochu, Agra, e Cousineau, 2002).

Assim faremos. Reconstruindo as trajectórias delitivas institucionalizadas dos sujeitos constituintes da amostra, procuraremos compreender parte da lógica subjacente à especificidade do processo desviante que cada uma encerra; a homologia e a heterologia que revelam.

A lógica do processo desviante

Qualquer processo implica desenvolvimento, acontecimentos que marcam de forma indelével determinados momentos do andamento. O processo desviante remete-nos para uma espécie de caminho traçado pelo agir do sujeito ao arrepio do que deveria ter sido, ou esperado. É um desenvolvimento no qual o indivíduo se vai construindo como sujeito, enformando a sua identidade, a sua estrutura moral, as suas expectativas, a sua forma de estar e de ser.

Estilo ou modo de vida são em si mesmos processos. Formas de ir sendo. No âmbito da análise de trajectórias criminais, são sinónimo de formas de ir sendo delinquente. A expressão do desvio na vida do indivíduo, com a consequente atitude de reprovação por parte das audiências, é a enunciação e potencial desenvolvimento de um processo desviante, e consequente estruturação da identidade como delinquente, ou desconforme à norma. É simultaneamente o resultado do processo de atribuição de estatuto e de reconstrução da identidade do sujeito.

Ao nos reportamos ao crime, por ser esse o tipo de desvio que importa ao presente estudo, referimo-nos essencialmente a um tipo de manifestação prevista numa estrutura normativa que a prevê como sendo um comportamento desaprovado e susceptível de ser punido.

A este respeito Edwin Lemert (1951), refere que a reacção social despoletada depende da natureza do valor posto em causa e da frequência com que é transgredido. O cometimento de um comportamento desviante simples, acidental, é considerado como desvio primário, sem grandes consequências sociais, pouco susceptível de despoletar sobre o agente um processo estigmatizante. Pelo contrário, quando após a primeira passagem ao acto se sucedem eventuais reiterações do acto desviante, Lemert considera que tal sequência comportamental se define como desvio secundário, ou seja susceptível de desencadear um tipo de reacção social estigmatizante, capaz de alterar o estatuto e a própria identidade do agente.

Este processo de rotulagem social, estigmatizante, quando em marcha sobre a identidade de um determinado sujeito altera-lhe a sua auto-imagem, a representação que os outros têm de si, assim como as expectativas daquilo que esperam que seja (Becker, 1985; Mead, 1934), podendo desenvolver a partir do processo de etiquetagem, interaccionista e eminentemente simbólico, uma trajectória fundida já numa subcultura desviante – eis nessa acepção a génese do processo desviante.

Na concepção de David Matza (1969) o processo desviante encerra em si vários níveis de significação, ora relativa à estrutura normativa, ora por relação à manifestação reactiva expressa pelos outros, ora na própria construção identitária do sujeito desviante. Nesse sentido, a assunção do desvio num processo de construção do percurso desviante, implica simultaneamente a identificação do comportamento passível de censura e a individualização do sujeito que o manifesta, a exposição da sua identidade ao estigma dos outros, e finalmente a alteração reconstrutiva da sua auto-representação enquanto sujeito desviante.

O processo não se traduz pela inevitabilidade irreprimível de transgredir. Embora o cometimento de uma determinada transgressão seja sinónimo do resultado de uma concatenação de factores que despoletaram a infracção, tal facto não significa que o indivíduo esteja irremediavelmente perdido numa suposta espiral de desviância. Na vida do indivíduo, abrem-se e fecham-se ciclos que dão origem à continuidade do sentido que se vem enunciando, ou a um momento de encruzilhada, na qual a mudança é possível. Aquando do processo de construção do percurso desviante, qualquer desvio no sentido da conformidade normativa, pressupõe que as condições que despoletaram a manifestação do *desvio* se alteraram, e que o indivíduo experiência emocionalmente uma carga simbólica capaz de fazer convergir energias de forma a envidar esforços de modo a reestruturar simultaneamente a sua identidade social e a sua auto-imagem, convergindo progressivamente o seu destino no sentido da conformidade.

Desse modo, o processo desviante não é necessariamente um processo patológico, com potencial infeccioso à semelhança da acção produzida por determinados microorganismos. O desvio, conforme vimos nos capítulos anteriores, não é um conceito preciso, nem a sua manifestação é unívoca. Assume na sociedade diversas formas, sendo que uma das mais graves, é indubitavelmente o crime. Por isso, tanto o desvio, enquanto facto, como o processo desviante, enquanto forma de ir sendo, não são inevitavelmente formas contrárias à *norma* e à normatividade, mas sim fenómenos divergentes do estabelecido que emanam da própria existência desse. Na concepção de Cândido da Agra e Ana Paula Matos, fundamentalmente o conceito de desviância traduz «as *interacções* entre o indivíduo e a sua sociedade.» (1997:36), na qual o sujeito decide e age em função do quadro axiológico que o orienta, do posicionamento social que ocupa por relação aos outros, das limitações objectivas dos contextos em que desenvolve a sua existência, e das expectativas e oportunidades que lhe são acessíveis.

Regressando aos estudos sobre trajectórias desviantes de Agra e Matos, estes autores concebem e definem o processo desviante como sendo uma construção teórica estruturada que designa fundamentalmente a: «constituição e fases de envolvimento em formas de vida desviante»; «um sistema de segmentos comportamentais (droga, criminalidade, etc.) articulados entre si, segundo uma dada lógica que nem é a de doença, nem a de delinquência»; «dialéctica entre as determinações psicossociais e a responsabilidade individual»; e «interacções estabelecidas entre os comportamentos desviantes e as instâncias (formais e informais) de reacção aos comportamentos (entre comportamento individual e controle social).» (1997:36).

Nesse sentido, tal como o comportamento conforme à norma, o desvio é uma forma de expressão e reacção a determinadas condições, inserindo-se, ao nível do indivíduo, num processo de ajustamento individual a condições externas que o sujeito através da acção procura alterar (Pernanen, 2002). O desvio é por relação ao estabelecido a diferença face ao outro e a complementaridade do mesmo. Um e outro são a mutua justificação da existência de ambos. O que significa que «normatividade e transgressão não constituem universos opostos, mas sim a dupla face dum mesmo facto social. Se queremos explicar a transgressão, teremos de pedir contas à normatividade.» (Agra e Matos, 1997:35).

No caso do nosso projecto, a lógica de processo é construída com base em registos policiais situados no tempo, referenciados objectivamente a sujeitos do género feminino. Tal facto remete-nos para a dimensão do registo, elemento estático, redutível à condição de dado, reportado ao momento cronológico em que ocorreu. O *registo*, nesse sentido, e na esteira do raciocínio de Agra e Matos, é uma expressão simbólica da relação que existe entre transgressão e normatividade. Abordaremos o registo enquanto conceito mais adiante, no Capítulo V do trabalho que apresentamos.

Trajectórias versus Carreiras Criminais

Não obstante as profusas produções teóricas acerca do conceito de *trajectória*, o conceito tem suscitado algumas discussões na comunidade científica acerca da sua pertinência e validade na explicação do processo de envolvimento do indivíduo na delinquência. Todavia, não é tanto o conceito em si que tem sido objecto de alguma discórdia cientifica, mas sim o método que alguns estudiosos têm aplicado para a análise das *trajectórias criminais*. Essas discussões fundam-se em perspectivas distintas de compreensão dos elementos explicativos do comportamento criminal e sua evolução ao longo da vida dos indivíduos. Referimo-nos à análise longitudinal das trajectórias de vida, a qual consiste na reconstrução cronológica da evolução do sistema de vida, ou de determinados segmentos biográficos desse sistema.

Alguns desses protagonistas são Alfred Blumstein, Jacqueline Cohen e David Farrington (1988a, 1988b). Estes autores têm vindo a desenvolver estudos centrados no conceito *carreiras criminais* («criminal careers»), assumindo a assunção de que alguns delinquentes tendem a manter activas as suas *carreiras criminais* no decurso de longos períodos das suas vidas, tornando-se *criminosos de carreira* («careers criminals»). Nesse contexto o conceito de *carreira* pressupõe que os sujeitos se especializam num determinado tipo de crime.

Outros estudiosos, como Michael Gottfredson e Travis Hirschi (1988, 1990), opõem aos conceitos de *carreira criminal* e *criminosos de carreira*, o desenvolvimento de uma *teoria geral do crime* centrada nos conceitos de *propensão para o crime* e *autocontrole*, enquanto elementos base para a explicação teórica do crime e suas causas.

Blumstein, Cohen e Farrington, discordam em absoluto da proposta de Gottfredson e Hirschi, contrapondo que na perspectiva do conceito de *carreira criminal*, cada tipo de *carreira* caracteriza-se por distintas correlações e preditores, pelo que as trajectórias criminais não têm que estar necessariamente interligadas por uma suposta propensão para o crime suscitada por determinado deficit de autocontrole.

O conceito de *carreira* tem suscitado interesse essencialmente pelos elementos que afectam a escolha, o início e o desenvolvimento duma determinada trajectória. O processo de escolha de uma *carreira*, ocorre ao longo do ciclo de vida do indivíduo, durante o qual esse, inserido num determinado contexto com variáveis delimitadoras, vai tomando decisões que terão consequências no conjunto das possibilidades de condução da sua trajectória de vida, e como tal no seu modo de vida. No contexto da criminologia, o conceito de trajectória implica que se diferencie as noções de *participação* e de *frequência*.

Apesar dos conceitos *carreiras criminais* e *criminosos de carreira* se encontrarem interligados pelo *processo de desviância*, Blumstein, Cohen e Farrington distinguem esses conceitos. O primeiro refere-se à sequência longitudinal de crimes cometidos por um indivíduo, ao qual foi possível apurar um determinado número de transgressões num determinado período de tempo. O segundo é um subgrupo do primeiro, e implica não só a especialização no crime, como uma actividade criminal activa e prolongada no tempo.

Gottfredson e Hirschi (1988), assumem a posição de que o *modelo de carreira* falha de uma forma consistente ao tentar organizar os factos explicativos do crime. Na óptica destes estudiosos, na década de 30 fazia sentido que os Gluecks introduzissem o conceito de *carreira* na criminologia, fundado na hipótese de que os delinquentes activos ao longo da idade tendiam a se especializar no crime e a cometer crimes cada vez mais graves. Na actualidade não é razoável sustentar ainda essa hipótese. Por isso os seus estudos exprimem a convicção de que se devem abandonar os modelos fundados no conceito de *carreira*, em favor das *teorias do crime*. Na opinião destes autores, o conceito de *carreira* quando aplicado a profissões legitimas não apresenta qualquer problema, pois encerra em si vários elementos explicativos da sua existência e variabilidade, como são os momentos do seu início, meio e fim, e uma determinada duração. A questão põe-se aquando da sua aplicação na criminologia enquanto forma explicativa do crime.

A objecção de Gottfredson e Hirschi, fundamenta-se na argumentação de que os delinquentes são indivíduos sujeitos ao mesmo tipo de forças causais que os não delinquentes, pelo que não faz sentido a criminologia procurar elementos que expliquem única e exclusivamente o comportamento criminal. Assim, na concepção destes autores, o que explica o comportamento delinquente é a *propensão para delinquir*, comum a todos os indivíduos. O que distingue delinquentes de não delinquentes é a natureza e o modo como o *autocontrole* foi incorporado pelos indivíduos, enquanto resultado das práticas educativas que as famílias encetam no decurso do desenvolvimento da criança. Neste sentido, a origem da delinquência funda-se no baixo *autocontrole* que os indivíduos detêm sobre os seus desejos. À medida que a *propensão criminal* aumenta, também a *participação* e a *frequência* aumentam, produzindo uma *trajectória criminal* que se dilata no tempo, aumentando o curso da *trajectória delinquente*.

Não obstante a relevância dos confrontos teóricos centrados nos conceitos de *carreira* ou *trajectória criminal*, os estudos longitudinais têm demonstrado capacidade de gerar hipóteses consistentes e explicativas do comportamento criminal enquanto expressão reactiva do resultado de um determinado processo psicossocial vivido e por isso experienciado pelo indivíduo.

Na acepção de Blumstein, Cohen e Farrington (1988), o conceito de *prevalência* refere-se à proporção de indivíduos que numa população é delinquente ou comete desvios num determinado período de tempo, distinguindo aqueles que cometem pelo menos um crime de outros que não cometem crime algum. O conceito de *frequência* ou *lambda*, refere-se à média anual ou à intensidade do número de crimes cometidos pelos indivíduos, identificando as diferenças da actividade criminal num dado período. Deste modo, subjacente ao conceito de *carreira* subsiste o conceito de *trajectória*.

Neste sentido, e por relação ao indivíduo, há que distinguir vários níveis de profundidade do conceito de *trajectória*. Há que compreender a trajectória enquanto *processo*, assim como identificar, distinguir e circunscrever no tempo, os factores que estão presentes aquando do início e do fim dessa trajectória, sua duração e modo de evolução.

Conforme se verá, existem *trajectórias criminais* curtas, constituídas apenas por um *ponto* isolado na espessura das vidas dos indivíduos, a maioria das vezes sem qualquer sanção privativa da liberdade. Outras, prolongam-se no tempo, introduzindo na discussão criminológica o conceito de *carreira criminal*. A delinquência enquanto *modo de vida*, e a especialização como processo de aperfeiçoamento de determinadas características pessoais e de capacidade de aprendizagem para delinquir.

Nesse sentido, «As trajectórias desviantes só podem, pois, ser estudadas numa perspectiva longitudinal ou através do seguimento do percurso do indivíduo durante um período mais ou menos longo da sua vida ou, retrospectivamente, através da reconstituição da sua história de vida.» (Agra e Matos, 1997:40). Dessa forma, desagregando os diversos aspectos da delinquência, nas suas diferentes dimensões, e tomando em linha de conta o contexto em que a *trajectória* se desenvolve, poderá ser possível identificar os factores que explicam a actividade criminal enquanto acção pessoal e reacção social.

No caso concreto, objecto do presente estudo, David Courgeau e Eva Lelièvre (1989) referem que a estrutura da trajectória singular poderá ser conhecida através da identificação da sequência de estados que definem e situam no tempo e no espaço cada indivíduo. O nosso estudo centrar-se-á em trajectórias criminais institucionalizadas, analisando para o efeito os registos policiais de indivíduos do sexo feminino, tentando para tal compreender o modo como desenvolvem os seus percursos criminais, numa sequência delitiva concreta.

O estudo das trajectórias criminais assenta substancialmente na procura da produção de inteligibilidade de parte do processo desviante, através de um exercício de regressão causal e probabilístico. Na acepção de Frederic Coninck e Francis Godard (1989) cada ponto de passagem, laço de convergência ou bifurcação, continuidade ou ruptura com o passado, presente e futuro, contém em si e na história individual do sujeito uma lógica temporal de sentido e significado próprios. Todavia, não obstante o esforço de sistematização e de interpretação do processo, existe sempre a possibilidade de os elementos que constituem determinada trajectória nunca poderem ser redutíveis a um modelo determinista, mas tão-somente *causalista*, por referência a um jogo de probabilidades, no qual, a aparição a todo o instante de inopinada variável alteraria a direcção e o significado de determinado percurso.

Factores de protecção e de risco

Alguns autores procuram identificar os factores de risco e de protecção, inerentes a uma potencial *trajectória desviante*. Outros procuram identificar os elementos de referência constituintes do conceito de *trajectória*: a configuração de tipologias, as características que as diferenciam, o início, a persistência ou a *frequência*, a intensificação ou a gravidade, a progressão e o abandono da *carreira criminal*. Tenta-se determinar não só os elementos que poderão ser preditores do comportamento criminal, como compreender o processo subjacente a uma *carreira*. Outros ainda, tentam uma abordagem integrativa das perspectivas anteriores no contexto do conceito de *ambiente social*, espaço relacional onde os indivíduos encetam as suas interacções.

Estudos efectuados em ambientes sociais desfavorecidos, caracterizados por um número insuficiente de acessos a oportunidades legítimas e facilidade de acesso a oportunidades ilegítimas, demonstraram que tais contextos favorecem a ocorrência de *trajectórias* ligadas ao crime (Maher, Dunlap e Johnson; Kokoreff e Faugeron; Fernandes e Neves, 2002). Todavia, o facto de se ter crescido e vivido num ambiente com as características referidas, não constitui por si elemento preditor determinista e inelutável de uma futura *carreira criminal*. Embora a estrutura social imponha limites ao desenvolvimento do indivíduo, este, na assunção do capital social, cultural e económico incorporado no decurso da sua trajectória de vida, detém capacidade de avaliação e de decisão. (Maher, Dunlap e Johnson, 2002).

O indivíduo, no decurso do seu quotidiano, face às oportunidades que se lhe deparam vai construindo o seu próprio destino com os recursos de que dispõe. No entanto, em qualquer contexto as escolhas cingem-se às oportunidades existentes, e estas variam consoante o ambiente em que o indivíduo se insere (Erickson, Butters e German, 2002). Na esfera do comportamento humano as certezas deterministas, em razão de uma lógica directa de causa-efeito, são sempre atravessadas por factores complexos que raramente são descortinados pela imediatez e pela aparência. Paradigma deste facto tem sido a relação droga-crime.

As consequências da associação droga-crime nos jovens, tem suscitado inúmeros estudos os quais revelaram que a interacção entre os dois fenómenos não é necessariamente unívoca nem determinista. Apesar de alguns indivíduos consumirem drogas de forma persistente e manifestarem comportamentos delinquentes a análise dos seus percursos demonstra que a trajectória raramente é linear. Em determinados períodos a manifestação de comportamentos desviantes aumenta, noutros manifesta-se mais conformista (Brunelle, Cousineau e Brochu, 2002).

Tal facto revela que a adopção do estilo de vida desviante é um processo gradual, no qual até o período de abandono da *trajectória desviante* é marcado por momentos em que o indivíduo avança e recua na linha entre conformidade e desvio (Mercier e Alarie, 2002). Em estados mais avançados do envolvimento droga-crime as *trajectórias desviantes* podem expressar uma dinâmica circular entre os dois elementos. É o estado em que o consumo de drogas e a prática de delitos se reforçam mutuamente (Parent e Brochu, 2002).

A assunção de que a droga é simultaneamente a causa e a consequência do crime, resulta de um processo complexo de desviância centrado na relação entre as esferas independentes de cada um, que se vão articulando progressivamente no tempo, até atingirem um estado de mutua causalidade. Tal complexidade, encontramo-la previamente nos trabalhos de Agra e seus colaboradores. «As trajectórias desviantes do actor da droga-crime não são as mesmas: ora é a droga que vem inscrever-se num estilo já estabelecido de vida delinquencial, ora, ao contrário, é a delinquência que vem integrar os elementos que constituem um estilo de vida toxicomaníaco, ora ainda, droga e crime viajaram juntos» todavia «no final da trajectória a apresentação existencial é idêntica, dissolvem-se os traços próprios na homogeneização da individualidade decadente.» (Agra, 1998:112.).

Robert Sampson e John Laub (1990) referem, que os elementos que detêm capacidade de influência sobre o indivíduo variam consoante a fase em que o indivíduo se encontra. Na infância e na adolescência os elementos dominantes são a família, a escola, e os grupos de amizade; na entrada para a vida adulta são os aspectos da formação profissional, o trabalho e o casamento; na fase adulta são o trabalho, o casamento, a paternidade/maternidade e o envolvimento na comunidade. O grau de envolvimento do indivíduo nessas instituições explica a manifestação ou não do comportamento criminal ao longo das suas vidas.

O modo como os indivíduos inscrevem as influências institucionais e interpessoais nas suas trajectórias de vida, define-lhes o tipo de percurso que trilham. Tais influências produzem no indivíduo processos de adaptação, gerando expectativas e opções que o levam a tomar decisões, provocando e participando numa sequência de eventos que tanto lhe poderão confirmar a continuidade numa determinada trajectória, como lhe poderão alterar o curso.

A hipótese de que o comportamento problemático na infância poder ser um dos melhores preditores do comportamento anti-social nas fases de adolescência e da idade adulta, tem sido sustentado por vários autores.

Michel Born e Claire Gavray (2002), identificaram vários factores ambientais de risco (carência de laços familiares, deriva escolar, associação a outros indivíduos com o mesmo tipo de comportamento, valorização do estilo de vida desviante) preditores de uma carreira delinquente persistente, e factores de protecção (estreito relacionamento com os pais, competência escolar e social, intensa interacção positiva entre os elementos da família, adopção de normas e valores sociais, autoestima positiva) enquanto elementos que poderão gerar resistências face à potencial influência dos factores de risco.

Os estudos desenvolvidos por René Carbonneau (2002) em contextos escolar e familiar, permitiram a identificação de factores de risco estritamente inerentes à esfera do indivíduo. Concluiu que as crianças do sexo masculino, que externalizavam os seus problemas através de comportamentos disruptivos, hiperactivos e com agressividade, manifestavam mais precocemente comportamentos anti--sociais. Retraimento e falta de atenção revelaram-se um risco adicional.

Dos estudos deste autor, depreende-se que a manifestação contínua dos factores de risco no decurso do primeiro ciclo escolar revelou ser o melhor preditor de uma carreira delinquente. Tais considerações são fundamentadas no facto dos indivíduos que manifestavam comportamentos persistentes de agressividade, do jardim-de--infância à adolescência, terem sido educados no seio de famílias com níveis elevados de adversidade. Essas crianças, durante o período referido, tinham experimentado mais interacções negativas no relacionamento com os seus pais, que os indivíduos que não manifestavam os já referidos factores de risco. A associação relacional entre o curso comportamental do indivíduo e os seus contextos familiar e social, possibilitou a identificação de factores de risco e de protecção que influenciam as crianças na adaptação ao seu mundo social.

Ciclos de vida

A idade tem sido uma variável que se tem revelado importante na compreensão de como o comportamento humano expressa a delinquência, no entanto não o explica em absoluto. A idade pode em termos teóricos ser traduzida por uma linha no tempo ao longo da qual os indivíduos se vão desenvolvendo bio psicossocialmente. É na confluência desses elementos inter-dependentes enquadrados num processo desenvolvamental, que ocorre num contexto sociocultural, mas também político e económico, que os indivíduos vão inscrevendo nas suas trajectórias de vida as experiências que a condição de actor social os condiciona a participar.

Nesse sentido, as variáveis com capacidade explicativa das diferenças entre masculino e feminino, e da variabilidade comportamental expressa ao longo da idade vão para além das características biológicas e dos elementos psicossociais que caracterizam a trajectória pessoal e familiar dos indivíduos. Inserem-se num quadro de desenvolvimento mais alargado, delimitado no tempo e no espaço, no qual os domínios político, económico, e sociocultural contextualizam em termos macro as suas vivências no quotidiano.

É por referência à idade que se estabelecem determinados conceitos estruturadores do conceito nuclear do presente estudo. Referimo-nos como é evidente ao conceito de trajectória. O início ou a activação, a continuidade ou progressão, em escalada ou desistência da prática de comportamentos definidos como crime, tem sempre como referência a idade do sujeito. A idade em que os factos são cometidos constitui um referencial fundamental para a própria definição da trajectória do indivíduo, assim como para a carga simbólica que os actos detêm no contexto mais alargado da vida dos sujeitos. Em função da idade experiencial do indivíduo, das representações e expectativas que foi construindo ao longo do tempo, também os factos assumem determinado significado no seu quadro de entendimento daquilo que o rodeia, lhe vai acontecendo, e decide concretizar. Em suma, o potencial moral que o cometimento de determinado crime adquire no quadro da orientação axiológico-normativa do indivíduo depende do ciclo de vida em que se encontra; do processo de vida experiencial que o domina, e da estratégia de sentido que desenha para o desenvolvimento da sua vida social. Em última instância, o facto qualificado como crime, estando por isso preenchido o elemento da culpa, acontece porque o indivíduo decidiu perpetrá-lo.

Mas independentemente do conceito de culpa, que implica necessariamente a determinação se a acção decorreu com dolo ou negligência, ou se estamos perante uma das causas da exclusão da culpa ou da ilicitude, e mesmo da inimputabilidade em razão da idade ou de anomalia psíquica, importa perceber a natureza da variação do crime ao longo da idade. Michael Gottfredson e Travis Hirschi (1990) têm defendido que o envolvimento no crime atinge o seu pico no fim da adolescência, e declina durante a idade adulta. Alfred Blumstein, Jacqueline Cohen e David Farrington (1988b) não contradizem a tendência descendente do crime ao longo da idade. O que equacionam é a razão do que efectivamente diminui, se a *frequência* de crimes cometidos por delinquentes activos, se a *participação* no crime.

Recuperando a controvérsia em torno das posições defendidas por Gottfredson e Hirshi (1990), por oposição às tomadas por Blumstein, Cohen e Farrington (1988a), estes últimos defendem que o estudo das *carreiras criminais* permite distinguir os indivíduos que cometem crimes daqueles que não os cometem – aplicando o conceito de *prevalência* – assim como diferenciar os tipos de crimes perpetrados por aqueles que os cometem, em número e variabilidade – aplicando o conceito de *frequência*.

Tal assunção tem sido contradita por Gottfredson e Hirschi (1988), os quais defendem que a *frequência* não tem qualquer utilidade no estudo das *carreiras criminais* a não ser a ligação que estabelece entre a *participação* e o número de crimes cometidos. Blumstein, Cohen e Farrington (1988b) não concordam, pois consideram que a *frequência* e a *participação* são conceitos fundamentais para a compreensão do crime e seus agentes, assim como das suas potenciais trajectórias. Na óptica destes, o conceito de *participação*, numa população, distingue delinquentes de não delinquentes, e o conceito de *frequência* reflecte o grau de actividade criminal individual daqueles que se encontram activos, possibilitando o estudo da *carreira criminal* de qualquer indivíduo.

Continuidade, descontinuidade, início, evolução e desistência de determinado percurso criminal serão uma constante na nossa análise. *Participação* e *frequência* possuem de algum modo uma correspondência directa com as ideias de continuidade e de descontinuidade do comportamento delinquente na vida dos indivíduos. Na concepção de Jorge Negreiros «a continuidade poderá constituir o aspecto crucial de um número restrito de indivíduos que manifesta uma tendência para uma actividade delituosa persistente, sendo a descontinuidade a característica principal dos indivíduos cuja actividade anti-social aparece confinada ao período da adolescência.» (2001:117). Uma vez mais, também no pensamento de Negreiros está implícito a necessidade dos conceitos de *participação* e de *frequência*.

Indubitavelmente para o projecto que desenvolvemos, a idade dos indivíduos é um elemento fundamental para a discussão da problemática dos percursos criminais. Como se pode depreender é um conceito que deriva da noção de tempo, essencial na constituição do conceito de *trajectória*, enquanto linha temporal na qual se vão inscrevendo as experiências dos indivíduos, produto das *interacções* que vão encetando no decurso do processo interactivo em sociedade, adquirindo direcção e significado.

Nesse sentido, parece-nos relevante desagregar os diversos componentes do conceito de *trajectória*, não só nos momentos que o constituem e o delimitam no tempo, como nos elementos que o caracterizam enquanto potencial conceito gerador de tipologias. Referimo-nos aos conceitos de *participação* (também referido como *prevalência*) e frequência (também referido como *incidência*).

Não obstante a importância da determinação da idade de início da trajectória criminal, num contexto mais alargado de vida do sujeito, no qual se situa o período de activação do individuo na manifestação de comportamentos geradores de factos considerados crime, assim como da compreensão da sua tendência de evolução na delinquência, assume também extrema relevância o momento em que a trajectória cessa. Maurice Cusson (1983) refere que mesmo os indivíduos com comportamentos mais activos na delinquência, à medida que vão envelhecendo a probabilidade de reincidirem vai diminuindo. Em regra os indivíduos que prolongam a actividade criminal para além dos 35 anos são indivíduos gravemente inadaptados a uma vida normal por não disporem de recursos pessoais que os capacitem a se adaptarem.

Marc Ouimet e Marc LeBlanc (1993) referem que a decisão de abandonar uma *trajectória criminal* na idade adulta resulta de um processo de maturação, caracterizado por diversos acontecimentos que marcam decisivamente a orientação da situação de vida do indivíduo. O casamento, a inserção no mundo do trabalho, assim como o abandono do consumo de estupefacientes e a interrupção de actividades delituosas, proporcionam ao indivíduo a entrada no mundo convencional através de um processo de maturação psicossocial, sustentado pelo significado que esses acontecimentos representam no sistema de vida do indivíduo. Na concepção de Gottfredson e Hirschi (1990), o abandono de uma *trajectória criminal* não se deve especificamente ao matrimónio, à paternidade/maternidade, ou ao trabalho. Na opinião destes, o abandono resulta do concomitante melhoramento do sistema de controlo pessoal ou *autocontrole* e do processo de estreitamento de laços entre o indivíduo e os quadros convencionais da sociedade.

Os ciclos de vida dos sujeitos, assim como as suas trajectórias, são marcados pela acção do tempo histórico. Reportamo-nos a uma temporalidade contextualizada por diversas dimensões. No caso português poderemos evidenciar o processo sociopolítico de democratização da sociedade, reflectido no ordenamento jurídico, na esfera do desenvolvimento económico, e na vida privada de cada indivíduo.

No contexto da justiça penal portuguesa a capacidade de imputabilidade penal em razão da idade, obedece a uma lógica imposta por uma temporalidade jurídica que se inicia aos 16 anos de idade. A trajectória de vida do indivíduo, enquanto delinquente, é enquadrada juridicamente numa ordem temporal definida pela lei. Antes dos 16 anos é considerado inimputável em razão da idade, entre os 16 e os 21 anos é objecto de especial atenção por legislação adequada à fase de juventude.

Decorrente da lei, até aos 15 anos de idade os indivíduos que se comportem de forma coincidente a que os seus actos se enquadrem nos elementos objectivos da norma que prevê o facto como crime, são considerados comportamentos anti-sociais mas tratados noutra sede que não o prescrito na parte especial do Código Penal e respectiva legislação avulsa. Na concepção de Frederic Coninck e Francis Godard (1989) a normalização dos tempos de vida, e por isso das fases de vida do indivíduo, está ligada a uma certa ordem cultural e moral na qual se prescrevem atitudes e práticas adequadas a cada fase de vida. São estados estereotipados, representados como referências normalizadoras.

O nosso estudo incidirá sobre os períodos de vida de pessoas do género feminino compreendidos no intervalo entre os 16 e os 35 anos de idade, correspondentes às fases de adolescência, início e desenvolvimento da vida adulta. Nesse sentido, importa pois, a partir da análise longitudinal dos registos-crime a que nos propusemos, interpretar o modo como esses foram inscritos, e se sucedem na vida dos elementos constituintes da amostra.

Capítulo IV
O Género como condicionalismo de *co*-existência

Ao longo das tramas no quotidiano, o conceito de género é eminentemente um elemento distintivo, identitário e por isso diferenciador. Enquanto signo biológico no corpo dos sujeitos, inscreve-se também na ordem da organização da estrutura social como algo de sócio-naturalizado, e por isso raramente questionado. Todavia, no palco do social tal distinção opera na sua estrutura uma dinâmica de poder, e por consequência de dominação entre o masculino e o feminino. Aquilo que é esperado que ambos sejam, e desempenhem na organização social é distinto, passível de critica, e tido por uma medida desigual. Nas palavras de Pizarro Beleza «os homens são tomados como termo de comparação principal, como a norma.» (1990:69).

Entre o masculino e o feminino subsiste um processo de diferenciação inscrito simbolicamente em todas as estruturas sociais, inclusive no domínio do inconsciente do indivíduo, tornando natural o processo de poder e dominação através da distinção sexual, atribuindo a cada género as práticas e representações consideradas socialmente como simbolicamente adequadas. A reprodução ritualizada, em cada instância da organização da estrutura social na qual constam as imagens do feminino e do masculino, inculca na mente dos sujeitos a formatação de um modelo de diferenciação e distinção, fundado na dominação masculina, considerado pela maioria como normal e pouco susceptível de ser questionado, pois no decurso do processo de reprodução dos modelos sociais de identidade e conduta, «os dominados aplicam categorias construídas do ponto de vista dos dominantes às relações de dominação, fazendo-as assim parecer naturais.» (Bourdieu, 1999:54).

Esta ordem aparentemente fundada na razão da biologia, estruturada e reproduzida na organização social durante o processo de socialização, tem repercussões ao nível da vida psíquica do indivíduo, reflectindo-se na estruturação da personalidade e na construção da identidade dos sujeitos. As diferenças entre géneros variam de sociedade para sociedade, e repercutem-se não só nos direitos e deveres que o Direito lhes confere, como nos papéis que se espera que ambos desempenhem, seja na família, na educação, no trabalho, na religião, ou em quaisquer outros domínios da vida social.

Todavia, não obstante a oposição entre sexos se fundar numa lógica de poder e dominação produzida e reproduzida no domínio do social, o género enquanto conceito eminentemente bio socializado é eminentemente relacional. Não só no que concerne à perpetuação da espécie, como na própria organização da vida em comunidade, ambos são inter-dependentes. Como refere Pizarro Beleza «mais do que colmatar o vazio da interrogação sobre o masculino (ao lado das questões sobre o feminino) a consciência da "bilateralidade" do problema deve desembocar na colocação do conceito de género como relacional, como ideia que permanentemente se desenvolve em oposição binária: o masculino depende do feminino e vice-versa. O que um homem "é" depende do que uma mulher "é" e vice-versa. E o mesmo se diga para o que cada um *deve* ou *não deve* ser ou fazer.» (1990:76).

Também Pierre Bourdieu (1999) refere que a oposição entre sexos é essencialmente relacional. Funda-se na acção histórica das estruturas da sociedade que em inter conexão vão reproduzindo o modelo androcêntrico de dominação, expresso, entre outros domínios da experiência humana, através da linguagem, enquanto definição simbólica e universal de um determinado objecto ou conceito (exemplo paradigmático do que referimos é a expressão *homem*, a qual representa a espécie humana no seu todo, fundindo o masculino e o feminino numa única categoria – Homem). Esse modelo de representar o mundo é reproduzido nos processos de socialização, nos quais as estruturas da Família, da Igreja, do Estado, da Escola, entre outras, assumem um papel estruturante na inculcação desse modelo, reproduzido e estruturado pela acção e pelas representações do masculino e feminino. Efectivamente referimo-nos a um processo sócio-naturalizado que no inconsciente dos indivíduos pertence a uma espécie de lógica da ordem natural das coisas, pouco susceptível de ser posta em causa.

O feminino na sociedade Portuguesa

A condição do género feminino tem vindo a alterar-se em particular nos países ditos desenvolvidos e em vias de desenvolvimento. O estado sócio-cultural que impedia as mulheres de se inserirem na vida económico-social activa, relegando-as para a esfera privada das tarefas domésticas e das responsabilidades familiares, em particular a educação dos filhos, tem vindo substancialmente a dar lugar a um processo de emancipação do género feminino, e de autonomia na esfera pública.

A evolução tecnológica a par do progresso científico e de uma política económica baseada num modelo de produção-consumo em larga escala, liberal, abrangendo o espectro dos diversos estratos sociais das sociedades, despoletou uma mudança estrutural nas sociedades modernas actuais.

Em Portugal, a transformação política e social de Abril de 1974 deu início ao processo democrático, o qual se consolidou apenas em 1982 com o denominado fim do processo revolucionário. A transformação política, rapidamente proporcionou uma transformação económica, com a plena integração de Portugal na Comunidade Europeia em 1986, caracterizada pela tendente internacionalização e liberalização dos mercados, não só ao nível das mercadorias, como dos recursos humanos. A uma transformação económica sucede-se uma transformação cultural caracterizada por novos valores e estilos de vida que em suma reproduzem a ordem política e produtiva vigente. Dir-se-ia que Portugal estaria a caminho da almejada modernidade europeia.

Todavia, não obstante se ter iniciado na sociedade portuguesa o processo de modernidade, já em pleno noutros países da Europa Ocidental, nas palavras de Fernando Luís Machado e António Firmino da Costa (1998), em Portugal subsiste um processo de modernidade inacabada. Em paralelo com as baixas taxas de natalidade, elevadas taxas de envelhecimento da população, do maior peso das classes médias urbanas, do aumento do valor da taxa de actividade feminina, resiste uma situação paradoxal produtora do deficit de modernização e do seu estado inacabado, em relação aos seus pares europeus.

Os factos mais significativos do estado societal moderno inacabado traduzem-se pelo baixo nível de qualificações escolares e profissionais da população, por uma ainda significativa taxa de analfabetismo e de iliteracia, e pelo desencontro entre as dinâmicas de modernização económica e empresarial, e o mecanismo de requalificação dos recursos humanos indispensáveis para assegurar a sua existência, manutenção e evolução, podendo certos sectores da população ficarem excluídos e engrossar as novas massas de pobreza social.

Sem dúvida que um dos factores marcantes em todo o processo de modernização da sociedade portuguesa, é indubitavelmente a evolução do género feminino na estrutura social. O aumento das taxas de divórcio e das uniões de facto, assim como a crescente presença do género feminino no mercado de trabalho, indicia um processo de autonomia e emancipação, e de afirmação social da mulher portuguesa. Mais de metade da população activa feminina está ligada ao sector terciário.

No entanto, sem embargo do expressivo progresso do género feminino nas diversas esferas do espaço público e da vida privada, a paridade entre masculino e feminino é desigual, encontrando-se por isso o próprio processo de autonomia e emancipação num estado incompleto. «Claro que os factores que estão na base desta evolução são de natureza diversa e nem todos correspondem a uma dinâmica moderna de autonomia e emancipação femininas e de paridade entre os sexos no que respeita ao estatuto e aos papéis sociais. Uma boa parte desse trabalho feminino será ditado por constrangimentos económicos básicos a que estão sujeitos sectores consideráveis da população portuguesa, sendo certo, por outro lado, que tanto em termos de quantidade, como de qualidade, como ainda de condições laborais esse trabalho fica aquém daquele que prevalece nos países europeus de modernidade avançada.» (Machado e Costa, 1998:30-31).

Importará saber que características sócio culturais apresentam as mulheres que cometem crimes em Portugal. Será que a mulher que comete delitos corresponde à mulher média da sociedade portuguesa, ou pelo contrário a mulher delinquente é sobretudo aquela que apresenta determinadas fragilidades face às capacidades necessárias para aproveitar as oportunidades legítimas? Eis uma questão que procuraremos satisfazer.

Incontestável é o facto de a mulher portuguesa, e em suma a mulher nos países democráticos modernos, tem vindo a ocupar um lugar no espaço público que há poucas décadas lhe estava vedado. Progresso ao qual os movimentos feministas, e os grupos de defesa dos direitos da mulher não são alheios, em termos de responsabilidade na abertura do espaço público ao feminino. Do espaço privado ao espaço público, do mundo do trabalho e da consequente autonomia e capacidade económica, à própria emancipação emocional, a mulher, e por principio o feminino tem vindo a tornar-se mais independente do masculino. Embora a razão de dependência do feminino se tenha tornado menor, a estrutura reiterada da diferença ao longo da história, mantém resistências difíceis de romper. Na acepção de Rosemary Almeida «as mulheres, em seu cotidiano contraditório, aparentemente moderno e mesclado da velha subordinação doméstica, vivem e constroem uma realidade social calcada historicamente pela dominação masculina, mas também e mais forte e subjectivamente incorporada pela inculcação em seus corpos e em suas mentes da tradição cultural das diferenças dos papéis sexuais.» (2001:12-13). Também o processo de emancipação, enquanto movimento e alteridade de determinado estatuto, não está completo.

Em paralelo com esse progresso do feminino na vida social, importa referir que a taxa de criminalidade feminina não obstante ficar aquém da masculina tem vindo a aumentar nas sociedades modernas (Rutter, Giller e Hagell, 1998; Hatch e Faith, 1990). Se a participação da mulher no cometimento de crimes tem vindo a aumentar, que tipos de crimes é que nos referimos? Que percentagem de participação? Com que frequência? Que trajectórias é que se desenham? Que causas estarão por detrás de tal aumento nas estatísticas oficiais?

Longe está a tese de Lombroso e Ferrero, de que a mulher prostituta seria o modelo homólogo ao modelo masculino do homem-delinquente. A prostituta encerraria em si as características do atavismo feminino. A experiência dos povos opera mudanças nas sociedades e nas estruturas que as sustentam, repercutem-se no conhecimento, no sistema penal, na definição do que é crime, e não é. Pois também a prostituição deixou de ser crime no ordenamento jurídico português. Fica apenas a história, a memória de ter sido.

O ser criminoso não é uma propriedade intrínseca ao indivíduo, mas algo que lhe é atribuído, por referência a um ordenamento jurídico-penal e à necessária reacção social face ao potencial desvalor do valor violado e das próprias características do transgressor. Por isso, não só a mulher-criminosa tipo não existe como o seu homologo masculino também não, não só pela especificidade do elemento objectivo da variedade de tipos de crimes tipificados na lei, como nas características e capacidades intrínsecas e subjectivas necessárias e indispensáveis para poderem ser cometidos. Em comum terão a decisão, mais ou menos reflectida, de os terem cometido.

Poder-se-ia aventar a hipótese de o processo de emancipação da mulher ter catapultado o feminino para taxas mais elevadas de participação ou frequência no crime. Explicação simplista na busca de um nexo imediato de causalidade. Recorrendo aos trabalhos de Pierre Bourdieu (1999), diríamos que a relativização da eternização da dominação masculina, repercutida em todos os domínios da organização social, tem sido ao longo do tempo posta em causa pela tenacidade argumentativa do discurso feminista, o qual muito tem contribuído para o questionamento do potencial naturalizante e inconsciente do sentido androcêntrico da realidade social, mas tal facto não nos parece que concorra para o aumento das taxas de participação ou de frequência do género feminino no crime. Na esteira de Pizarro Beleza (1990) mais do que saber se o processo de emancipação da mulher contém em si um efeito criminógeno, importaria indagar se a diferenciação das formas de controlo social sobre os géneros detêm alguma influência na produção de comportamentos delinquentes. Uma vez mais, é acima de tudo «não negar à mulher a participação no espaço público, reconhecendo-a como sujeito de direitos, inclusive, como sujeito do crime, é uma forma de efetivação da cidadania e, portanto, da Justiça.» (Rosemary Almeida, 2001:152).

Esta diferenciação negativa do género fundada na sócio-naturalização do sexo, está também presente na investigação científica, e em particular na criminologia. Efectivamente a investigação criminológica tem privilegiado o desenvolvimento de estudos sobre o género masculino, em detrimento do feminino, fundamentando na maioria das vezes a opção no facto incontornável de que a participação, frequência e diversidade de tipos delitivos cometidos por indivíduos do género masculino serem substancialmente superiores aos expressos pelo género feminino, e como tal susceptíveis de produzirem maior repercussão criminológica e social, mesmo ao nível da insegurança, ou do sentimento de insegurança das populações, e nesse sentido mais grave.

Não descuramos a oportunidade de tais justificações, todavia, para se compreender a manifestação do comportamento delitivo, há que saber interpretar as diferenças fundamentais da sua manifestação; as diferenças no feminino e no masculino, assim como as diferenças dentro do feminino e do masculino. A esse respeito Bourdieu escreve «as aparências biológicas e os efeitos bem reais produzidos, nos corpos e nos cérebros, por um longo trabalho colectivo de socialização do biológico e de biologização do social conjugam-se para inverter a relação entre as causas e os efeitos e fazer surgir uma construção social naturalizada (os "géneros" enquanto habitus sexuados) como o fundamento natural da divisão arbitrária que está no principio tanto da realidade como da representação da realidade e que por vezes se impõe à própria investigação.» (1999:3).

Importa pois compreender as especificidades dos trajectos delitivos masculinos e femininos, pois, não serão eles um reflexo do grau de integração do género na sociedade? Interpretar, enfim, o processo de continuidade e mudança nas trajectórias criminais. Julie Horney, Wayne Osgood e Ineke Marshall (1995) referem que tanto a continuidade como a mudança não se opõem, fazem parte do mesmo processo. Nessa óptica optamos por iniciar o estudo das trajectórias criminais, pelo fim, ou seja, estudando o género feminino a partir dos registos biográficos de suspeitos arguidos investigados pela Polícia Judiciária.

A criminalidade no feminino

O *género* tem-se revelado um elemento de explicação da criminalidade, não só a partir da evidência biológica que estabelece a diferença *feminino-masculino*, como também, e cada vez mais, a partir de outros factores explicativos de natureza psíquica, social, cultural e ambiental. É indubitavelmente a partir do resultado da conjugação de vários elementos de origem distinta e complementar, preditores e potenciadores da tendência para o acto, que é possível identificar *o modo como a forma de ir sendo delinquente* se constrói ao longo da trajectória de vida dos indivíduos.

No âmbito da análise comparacionista entre géneros Stephen Norland e Neal Shover (1977), referem que à semelhança do género masculino a criminalidade feminina tende a ser um reflexo dos contextos em que expressa a sua existência, seja no contexto da família, do mercado ou do trabalho. A manifestação da delinquência feminina tende a ser um reflexo do posicionamento que as mulheres ocupam nas diversas instituições da organização social. Nesse sentido, as diferenças entre géneros são sustentadas na diferença de papéis que cada género desempenha na sociedade. Referimo-nos às expectativas quanto ao papel sexual de cada um, às posições que ocupam no quotidiano, e logicamente às oportunidades que podem aceder. Estas diferenças são a manifestação da distinção entre géneros, não só na delinquência, como em todos os outros domínios considerados como legítimos. Em suma, não comete determinado tipo de crime quem quer, mas acima de tudo quem lhe pode aceder.

A distinção expressa entre tipos específicos de criminalidade designados como sendo respectivamente cometidos por homens e mulheres tem sido objecto de diferenciação pela percentagem de participação, frequência, tipo de crime cometido, início e duração da trajectória delinquente. Hakan Stattin, David Magnusson, e Howard Reichel (1989), com base na análise de registos oficiais referentes a indivíduos de ambos os sexos, seguiram os registos desses sujeitos no período compreendido entre os 10 e os 30 anos de idade. Concluíram que os indivíduos do sexo masculino se iniciam na prática de delitos mais precocemente (14-16 anos) que os indivíduos do sexo feminino (21-23 anos). A análise longitudinal dos registos revelou que as *trajectórias criminais* masculinas apresentam valores de *participação* e *frequência* substancialmente mais elevados que as *trajectórias* femininas. O índice de crimes cometidos pelos homens demonstrou ser o dobro do registado para as mulheres (6,9 – 3,0), ultrapassando mesmo essa relação nos casos em que existiam condenações (11,6% – 4,9%), assim como os indivíduos do sexo masculino mais activos, com idade superior a 30 anos, revelaram ter cometido mais crimes que as mulheres mais activas (respectivamente 44,8 – 13,2).

Alison Hatch e Karlene Faith (1990) tendo-se debruçado sobre as estatísticas da criminalidade registada oficialmente no Canadá, concluem que não obstante se registar um ligeiro aumento nas últimas décadas, indubitavelmente as mulheres cometem menos crimes que os homens. Os crimes que caracterizam a delinquência feminina são essencialmente os crimes contra a propriedade, como o furto em lojas, a emissão de cheques sem provisão, ou relacionados com esse meio, e o uso fraudulento de cartões de crédito; os crimes de natureza sexual, essencialmente ligados à prostituição como o lenocínio; e os crimes ligados ao mercado ilícito das drogas, como são os casos do consumo e do tráfico de estupefacientes.

Também Danielle Laberge e Shirley Roy (1990) referem que a criminalidade feminina caracteriza-se essencialmente pelos crimes contra a propriedade, através do furto simples e da fraude, constatando-se nas últimas décadas um aumento significativo da participação feminina nos crimes relacionados com a droga. A participação em crimes que requerem o uso de violência é residual, e em comparação com o género masculino a ocorrência de tal manifestação situa-se respectivamente na relação 1,0 – 15,4.

Na óptica de Michael Rutter, Henri Giller e Ann Hagell (1998) ao se observar a criminalidade expressa por ambos os sexos evidenciam-se factos que distinguem o masculino do feminino: os autores concluem que o número de indivíduos do género feminino que cometem crimes no início da vida adulta é esmagadoramente inferior. Comparativamente ao género masculino, as mulheres são menos reincidentes, sendo que na maioria dos casos os factos criminais não revelam o emprego da força física, e as suas trajectórias criminais tendem a ser curtas.

Na perspectiva de Frederic Coninck e Francis Godard (1989) as diferenças entre os géneros masculino e feminino têm uma raiz arqueológica[24], na medida em que a distinção entre ambos se inicia

---

[24] Na acepção destes autores existem várias formas temporais de causalidade, distinguindo três modelos: o arqueológico; o processual; e o estrutural. No modelo arqueológico procura-se investigar o ponto de origem do qual parte a sequência dos acontecimentos; no modelo processual, investiga-se a forma do processo, ou seja, os elementos da sequência que o compõem; no modelo estrutural, investigam-se as diversas temporalidades inerentes a uma biografia ou a determinada trajectória, ligando os elementos dominantes em certo momento à fracção de tempo a que respeitam.

na fase de infância, acentuando-se no decurso da vida, reflectindo-se esse ponto inicial (a distinção entre masculino e feminino, remete cada género para diferentes condições sociais, nas quais assumem papeis, estatutos e posições distintas) nas diversas fases do desenvolvimento da existência social e individual.

Sem embargo da centralidade do ponto inicial referido por Coninck e Godard, não podemos interpretar, ou até mesmo explicar uma trajectória só e apenas a partir do conhecimento desse momento ou estado. Na óptica destes autores, a causalidade de uma determinada sequência de eventos está sempre condicionada a certas condições existentes no contexto social, e estas mudam. Ou seja, se o desenvolvimento de um determinado efeito não corresponder ao previamente esperado, é porque no decurso do processo da sua produção as condições de efectivação se alteraram. O processo desenvolvamental redefine-se em função das situações e da composição dos elementos que vão integrando o movimento da trajectória inicial.

Não obstante as discussões em torno do papel social que o género feminino tem assumido ao longo da história, dos processos económicos e culturais de emancipação da mulher, ou do processo psíquico subjacente à passagem ao acto, (ora justificativos de uma certa passividade e conformidade aos padrões da normatividade, ora explicativos de algumas alterações na participação, na frequência e no tipo de delitos manifestados pelo género feminino) no essencial as estatísticas criminais têm demonstrado a evidente assimetria existente entre *feminino* e *masculino*. A distribuição do crime pelo género é desigual.

Em suma, a distribuição das taxas de *participação* e de *frequência* delitiva pelo *género* e pela *idade* representam apenas uma pequena parcela das assimetrias que as *trajectórias feminino-masculino* manifestam. Tal facto remete-nos para a necessidade de aprofundamento dessas *trajectórias*; para o estudo das tipologias e configurações das *trajectórias criminais* que, no caso que nos propomos desenvolver e decifrar, o *género feminino* tende a desenvolver no decurso do *processo de desviância*.

Efectivamente, em toda a análise critica que apresentamos procurámos acima de tudo reflectir acerca do que entendemos por *trajectória*, dominada por factos de natureza criminal, mas inserida num processo mais vasto, no qual a desviância assume parte do sentido do seu desenvolvimento. Crime e mulheres, num contexto bem específico, como é a sociedade portuguesa na contemporaneidade dos tempos modernos, e na evolução sócio-histórica do papel e estatuto social que o género feminino tem vindo a assumir. De que modo as sequências delitivas das mulheres podem ser representativas do papel e do estatuto que detêm na sociedade? De que forma a criminalidade *sexualizada*, porque expressa pelo sujeito feminino, é parte do reflexo do próprio feminino socializado? Que características sócio-demográficas? Culturais? Que estruturas sequenciais delitivas enunciam? Que potencialidades preditivas revelam?

Estas, assim como outras questões que fomos equacionando ao longo do projecto, e que continuaremos a fazer, procurámos dar resposta nos Capítulos VI a VIII do estudo, nos quais nos debruçaremos sobre os limites da metodologia que aplicámos, e na análise e discussão dos dados que nos serviram de base ao desenvolvimento do projecto científico.

Capítulo V
Os limites do objecto que propomos

As estatísticas oficiais sobre o crime, nas quais o género masculino sobressai em número, e as expectativas centradas no que se convenciona serem os papéis estereotipados do *feminino-masculino*, têm suscitado, no âmbito da criminologia, mais estudos sobre o género masculino que sobre o feminino. Estas evidências, em certa medida, têm influenciado a atenção e as perspectivas de abordagem dos investigadores. A ciência criminológica tem privilegiado o conhecimento produzido sobre o fenómeno criminal na sua subdimensão masculina, e relegado para *segundo plano* a produção de conhecimento sobre as potenciais configurações e tipologias das *trajectórias criminais femininas*.

Ao analisarmos as estatísticas da Direcção Geral dos Serviços Prisionais (DGSP), verificamos que dos reclusos condenados e presentes em 31 de Dezembro de 2001 no sistema prisional português[25], apenas 7,3% dos reclusos eram do sexo feminino. Mais, no que se refere ao tipo de delito pelo qual foram condenados, o sexo feminino fica proporcionalmente aquém em todos os tipos de crime[26], excepto nos *crimes relativos a estupefacientes.* A consequência do envolvimento neste tipo de criminalidade revela que 73,22% das mulheres

---

[25] Em 31 de Dezembro de 2001 encontravam-se no sistema prisional nacional 9.422 reclusos em cumprimento de pena. Desses, 8.731 eram do sexo masculino, e 691 do sexo feminino.

[26] Referimo-nos aos crimes contra as pessoas, Contra a Vida em sociedade, e contra o património.

encarceradas estão a cumprir pena devido a delitos ligados ao tráfico de droga[27]. No entanto, não obstante os esclarecimentos que os dados estatísticos nos possam facultar, têm sido insuficientes para compreender o modo como as mulheres empreendem os seus percursos criminais.

Wayne Osgood, Lloyd Johnston, Patrick O'malley, e Jerald Bachman (1988), referem que cada comportamento desviante apresenta características únicas capazes de influir no comportamento de forma diferente. Julian Stander, David Farrington, Gillian Hill, e Patrícia Altham (1989), recorrendo a uma amostra de indivíduos em reclusão, concluíram que o tipo de crime pelo qual alguns dos indivíduos tinham sido condenados, tinha sido precedido por outro crime que se constituía num elemento preditor do tipo de crime pelo qual estavam a cumprir pena. Tal conclusão enuncia a hipótese de que determinados comportamentos desviantes podem estar relacionados, pressupondo que derivem de uma tendência comum (Gottfredson e Hirschi, 1990), ou que a sua ocorrência sequencial detenha um determinado significado.

Subjacente à manifestação de qualquer *trajectória criminal*, desenvolve-se um *processo de desviância*. O que nos propomos estudar são as potenciais configurações dos percursos criminais de indivíduos do sexo feminino, com base na análise dos dados constantes no Sistema Integrado de Informação Criminal (SIIC), gerido pela Polícia Judiciária (PJ).

Será que a comparação sequencial de registos nos permite inferir que os indivíduos que expressam *trajectórias* mais longas se iniciaram mais precocemente no crime? Tenderão para a especialização, concentrando o comportamento transgressor num só valor jurídico ou, pelo contrário, manifestam uma diversidade criminal por vários valores jurídicos?

Julie Horney, Wayne Osgood e Ineke Marshall (1990), referem que as análises longitudinais são o meio apropriado para se levantarem questões em torno da continuidade e mudança no comporta-

---

[27] Ao invés dos homens, os quais para este tipo de condenação apenas representam 39,21%.

mento criminal. Não só no que respeita à desistência e por isso ao momento de ruptura com a continuidade delitiva, mas também na mudança em continuidade transgressiva por outros valores.

O estudo das *trajectórias criminais* do sexo feminino implica a produção de conhecimento acerca das características do actor e dos elementos que integram a especificidade de qualquer *trajectória*. A análise de dados, constantes no SIIC, visa compreender a forma como os indivíduos vão inscrevendo o delito na sua linha temporal. Procura-se o determinismo e o indeterminismo sequencial dos tipos de delitos presumivelmente cometidos, por referência às características socioculturais e demográficas dos elementos da amostra.

A fonte de informação na qual o presente estudo se baseia, são os registos individuais efectuados pela PJ, no âmbito do SIIC, referente a factos de natureza criminal decorrentes de processos-crime, nos quais se presume através da constituição de arguido, existirem indícios acerca da presumível responsabilidade criminal dos indivíduos indiciados ou denunciados nos factos investigados. A informação inscrita nesses registos resulta da análise de conteúdo dos processos-crime efectuada pelos serviços da PJ, cuja competência para investigação criminal foi delegada pelo Ministério Público (MP) nesse órgão superior de polícia criminal (OSPC), assim como de informações de outros processos-crime investigados por outros OPC, desde que comunicadas à PJ.

Atendendo à reforma do direito penal substantivo ocorrida a 01 de Janeiro de 1983, a qual revogou o Código Penal de 1886, houve a necessidade de se delimitarem as condições de selecção da amostra, por forma a que todos os indivíduos seleccionados se encontrassem sujeitos às mesmas premissas. Atendendo às alterações ocorridas na sociedade portuguesa e à revisão legislativa importaria seleccionar um grupo de indivíduos que há data da entrada em vigor do Código Penal de 1982 iniciassem, em razão da idade, a sua imputabilidade penal por referência às normas constantes no novo Código Penal.

Nesse sentido, verificou-se que os indivíduos que reúnem as condições de tal delimitação são os nascidos durante o ano de 1967. Esses indivíduos são os únicos cujo primeiro acto cometido, imputável, de natureza criminal, estaria inscrito inevitavelmente na nova legislação penal[28]. Por isso, optou-se por seleccionar[29] apenas indivíduos nascidos durante o ano de 1967, do género feminino, suspeitos arguidos[30], e com *ficha biográfica*[31]. A análise dos seus registos constantes no SIIC circunscrever-se-ia a um período de cerca de 20 anos, mais precisamente a partir da data do seu 16.º aniversário até ao ano de 2003.

Apesar da enunciação dos critérios de selecção da amostra, importa explicar com mais acuidade, a racionalidade da escolha desses elementos assim como as limitações que encerram. Importa, compreender a importância do Código Penal de 1982 no contexto sócio-político da sociedade portuguesa e do inerente processo de democratização das suas instituições, assim como as características institucionais e funcionais da Polícia Judiciária, e do próprio Sistema Integrado de Informação Criminal do qual foram extraídos os dados em estudo.

O projecto incidirá essencialmente nas questões da continuidade e da mudança. Na sequência transgressora de trajectórias criminais de mulheres, expressas ao longo do tempo, e registadas nas tábuas biográficas da Polícia Judiciária, que aqui recuperamos e procuramos o sentido. Assim, comparando a sequência transgressora dos indivíduos, procuraremos definir tipologias de *trajectórias criminais*, procurando identificar eventos que comprovadamente se constituam preditores de um determinado percurso criminal. Em suma, procuraremos descortinar os significados da continuidade e descontinuidade delitiva do sexo feminino.

O Código Penal de 1982

O ano de 1982 caracteriza-se por simbolizar o termo do período revolucionário, entrando a sociedade portuguesa numa nova fase do processo democrático, iniciado em Abril de 1974, estabilizando e consolidando os princípios e os valores que fundam a democracia (Carlos Costa: 2002). Tal facto repercutiu-se essencialmente no plano político e legislativo, ocorrendo nesse ano importantes transformações no sistema legislativo nacional. Destacamos alguns dos diplomas legais aprovados nesse ano, os quais contribuíram para a definição dos contornos do sistema de justiça criminal: 1.ª Revisão

Constitucional[32], a criação do Instituto de Reinserção Social[33], o Regime Especial em Matéria Penal aplicável a menores entre os 16 e os 21 anos[34], o Direito de Ordenação Social[35], as reestruturações da orgânica da Polícia Judiciária[36], e da estrutura do Código de Processo Penal[37], e o novo Código Penal[38].

O Código Penal de 1982 pôs cobro à estrutura normativa penal iniciada pelo Código Penal de 1852, e reformada pelo Código Penal de 1886, nos quais inicialmente a pena era concebida como um instrumento de intimidação da generalidade dos indivíduos. A filosofia da pena, enquanto medida punitiva, era sustentada por uma

---

[28] A razão de não se ter optado pelos nascidos durante o ano de 1966, ou anos anteriores, funda-se no facto de, por exemplo, os nascidos a 31 de Dezembro de 1966 terem feito 16 anos no dia 31 de Dezembro de 1982, estando por isso, ainda que apenas por um dia das suas vidas, abrangidos pelo antigo Código Penal.

[29] A população é constituída por 1.667 indivíduos. Os elementos da amostra foram seleccionados de forma aleatória, tendo a sua dimensão sido determinada com um intervalo de confiança de 95% e uma margem de erro de 5%. A amostra teórica seria constituída por 312 indivíduos.

[30] O termo *suspeito*, enquanto conceito jurídico, e por isso consignado no Direito de Processo Penal, é «toda a pessoa relativamente à qual exista indicio de que cometeu ou se prepara para cometer um crime, ou que nele participou ou se prepara para participar;» (alínea e., Artigo 1.º do Decreto-Lei n.º 78/87 de 17 de Fevereiro). Este conceito precede o conceito de *arguido* (Artigo 57.º do Decreto-Lei n.º 78/87 de 17 de Fevereiro), o qual se reveste do formalismo jurídico-penal fortemente associado à protecção dos Direitos, Liberdades e Garantias consignados na Lei Fundamental, fundado no princípio constitucional de que até prova em contrário todo o arguido se presume inocente. A constituição de arguido é neste sentido um formalismo legal do processo penal (Artigo 58.º do Decreto-Lei n.º 78/87 de 17 de Fevereiro), no qual o indivíduo é informado das suspeitas que recaem sobre a sua pessoa, e que a partir do momento da constituição assume uma qualidade impar no processo penal, no qual tem direitos específicos de defesa, assim como deveres para com o processo penal.

[31] É um registo de pessoas no qual constam dados pessoais relativos a suspeitos arguidos onde são inscritos dados recolhidos e actualizados com base nos inquéritos investigados.

[32] Lei Constitucional n.º 1/82 de 30 de Setembro.
[33] Decreto-Lei n.º 319/82 de 11 de Agosto.
[34] Decreto-Lei n.º 401/82 de 23 de Setembro.
[35] Decreto-Lei n.º 433/82 de 27 de Outubro.
[36] Decreto-Lei n.º 458/82 de 24 de Novembro.
[37] Decreto-Lei n.º 402/82 de 23 de Setembro.
[38] Decreto-Lei n.º 400/82 de 23 de Setembro.

política de prevenção geral de intimidação, correccional, tendo ao longo do tempo e de forma progressiva tomado um pendor de carácter mais corrigibilista sobre o autor do crime. O processo de expiação da culpa tendia a estar cada vez mais assente na possibilidade de correcção do comportamento do delinquente.

Entre as correntes correccionista e corrigibilista do Código Penal de 1886 e suas sucessivas alterações, surge no Código Penal de 1982 uma corrente com pendor marcadamente humanista e socializador. Conforme refere Costa Andrade (1993) o Código Penal de 1982 emerge do processo político democrático da sociedade portuguesa iniciado em 1974, «comprometido com os valores da liberdade e dignidade pessoais, do pluralismo e da tolerância bem como com a lição de uma antropologia optimista» (1993:428).

Os princípios subjacentes à estrutura axiológico-normativa do Código Penal de 1982, assentam, na esteira de Figueiredo Dias (1993), essencialmente nos trabalhos desenvolvidos por Eduardo Correia (*apud* Figueiredo Dias, 1993) apresentados em 1963 e 1966, os quais nessa década não colheram provimento pelo carácter anti-democrático e anti-liberal do Estado português. A estrutura humanista e socializadora das propostas de Eduardo Correia apenas vingaram na política criminal da vida jurídica portuguesa no momento histórico em que os princípios que fundam e regem qualquer sociedade democrática se consolidaram e estabilizaram. Nesse sentido, o novo Código Penal de 1982, que entrou em vigor no primeiro dia de Janeiro de 1983, assenta fundamentalmente nos princípios da legalidade, da congruência, da culpa, da socialidade, e da humanidade, impondo por isso limites à criminalização e à punibilidade.

O processo democrático clarificou as competências de cada órgão de soberania. Desse modo, no âmbito legislativo só as normas emanadas da Assembleia da República, ou autorizadas por esse órgão, enquanto entidades legitimadas, é que têm competência para definirem os comportamentos que são considerados crime, prevendo as consequências punitivas que lhe subjazem; é estritamente a necessidade de «conformidade da matéria penal com a ideia do Estado de Direito» (Figueiredo Dias, 1993:167).

Substancia-se uma estreita relação entre culpa e pena. Na Parte Geral introdutória ao Código de 1982, o Legislador refere que «um dos princípios basilares do diploma reside na compreensão de que toda a pena tem de ter como suporte axiológico-normativo uma culpa concreta», tomando-se a determinação da pena na estrita medida da culpa, e proporcional à gravidade do facto.

Quadro 1
Comparação da organização da sistemática de ambos os Códigos Penais – 1886 e 1982

CÓDIGO DE 1886	CÓDIGO DE 1982
Título I Dos crimes contra a religião e dos cometidos por abuso de funções religiosas	Título I Dos crimes contra as pessoas
Título II Dos crimes contra a segurança do Estado	Título II Dos crimes contra a paz e a humanidade
Título III Dos crimes contra a ordem e tranquilidade pública	Título III Dos crimes contra valores e interesses da vida em sociedade
Título IV Dos crimes contra as pessoas	Título IV Dos Crimes Contra o Património
Título V Dos crimes contra a propriedade	Título V Dos crimes contra o Estado
Título VI Da provocação pública ao crime	
Título VII Das contravenções de polícia	

O Direito Penal, com as mudanças introduzidas pelo Código de 1982, reforça a concepção de que no sistema democrático a dimensão jurídico-penal dos factos e dos valores é a *última ratio* de protecção de bens jurídicos considerados fundamentais, em consonância com os Direitos, Liberdades e Garantias estruturadores da dignidade humana, consignados na Constituição de uma República no caminho do processo democrático. Daí que Figueiredo Dias ao se referir ao Código de 1982 o descreva como sendo um instrumento que contém em si a «analogia substancial entre a ordem axiológica constitucional e a ordem legal dos bens jurídicos» (1993:168) fundamental para o estabelecimento da ordem num Estado livre e democrático, no qual a dignidade humana é inquestionavelmente um valor inviolável.

As alterações operadas pelo Código Penal de 1982 não se ficam apenas pelo pendor pedagógico, ressocializador e de salvaguarda da dignidade humana, expresso pelo sentido da força jurídica da sua estrutura normativa. A forma como a sistemática normativa é apresentada na Parte Especial do diploma, é revelador das profundas alterações que o processo democrático introduziu na política criminal portuguesa. O modo como os vários Títulos e Capítulos se sucedem na estrutura da Parte Especial de ambos os diplomas – Códigos de 1886 e de 1982 – revelam a natureza dos princípios das filosofias jurídico-penais, assim como da hierarquia de valores e de prioridades repressivas, que orientam a política criminal em momentos históricos distintos.

Efectivamente o novo código recupera o Título IV do Código de 1886 – dos crimes contra as pessoas – introduzindo-o logo à cabeça na Parte Especial do diploma, assim como transfere o Título II para a parte final do código. A reorganização da estrutura da sistemática do código penal simboliza a importância e a primazia da pessoa humana, e dos seus interesses face ao Estado. A dignidade do homem, mesmo do homem enquanto delinquente, sobrepõe-se a toda e qualquer ordem do estado de coisas.

Furtado dos Santos (1983), na nota prévia do Código Penal (anotado) organizada por si, refere que na Parte Especial do Código Penal de 1982, são notórias as linhas modernas que orientam o pensamento penal europeu, elencando nomeadamente os seguintes aspectos:
- «Acentuada descriminalização.
- Sentido de neocriminaliação, como a relativa aos crimes contra a paz e a humanidade, aos crimes de perigo comum e à participação em rixa.
- Não inclusão de infracções mutáveis (antieconómicas e contra o ambiente) ou que devem ter tratamento especifico (delitos estradais) ou no direito penal secundário ou no direito de mera ordenação social.
- Maior dependência de *queixa* com a inerente redução do elenco dos crimes públicos.
- Sentido-regra do abaixamento punitivo.
- Rigor na definição dos diversos tipos legais e redução destes a tipos básicos, agravados e privilegiados, sem a labiríntica

descrição em certos capítulos do Código Penal anterior, nomeadamente nos crimes contra o património.
• Além da participação em rixa e dos crimes de perigo comum, outros tipos legais são desenhados – como os da protecção da vida privada, da violação do dever de solidariedade social, da infidelidade e dos crimes contra o sector público ou cooperativo.» (1983:8-9).

Efectivamente o novo código penal caracteriza-se essencialmente por ser moderadamente descriminalizador, e de introduzir de uma forma pertinente neocriminalizações (essencialmente nos crimes de perigo comum), assumindo uma clara distinção material entre direito penal e direito de mera ordenação social. Tal facto assenta na eliminação das contravenções, as quais admitiam a sua substituição por dias de prisão, em benefício de sanções pecuniárias não penais, designadas de contra-ordenações. O pendor humanista e ressocializador do diploma são sublinhados pelo abaixamento das molduras penais na generalidade dos crimes, com excepção na criminalidade violenta.

Atendendo à relevância das alterações ocorridas no sistema penal introduzidas pelo Código de 1982, para o presente projecto importou centrar a nossa atenção critica sobre indivíduos que estivessem desde sempre, a partir da maioridade penal sobre a acção jurídica do referido diploma, parametrizando desse modo as condições jurídicas a que todos os indivíduos constituintes da amostra estiveram de igual modo sujeitos ao longo do período em estudo (1983-2003).

A instituição Polícia Judiciária

A estrutura institucional da Polícia Judiciária iniciou-se em 1945 com a entrada em vigor do Decreto-Lei n.º 35 042 de 20 de Outubro. Na sua génese, a Polícia Judiciária é herdeira da trajectória funcional desenvolvida pela sua predecessora Polícia de Investigação Criminal, centrando-se, na essência, na realização da investigação criminal. «As funções da polícia judiciária são essencialmente funções de investigação criminal ou post-delituais» (Decreto-Lei n.º

35 042), assim como também, sem prejuízo das competências da polícia de segurança, de prevenção criminal das «formas da criminalidade habitual exercidas como verdadeiro profissionalismo por delinquentes inveterados, muitas vezes integrados numa organização criminosa e quási sempre esclarecidos sôbre os meios de iludirem a vigilância policial.» (Decreto-Lei n.º 35 042).

As competências conferidas à PJ, no âmbito da repressão e prevenção da criminalidade centram-se essencialmente nas comarcas de Lisboa, Porto e Coimbra, locais onde se encontram sediadas as três sub-directorias iniciais, podendo no entanto a sua acção estender-se a outras comarcas quando assim fosse devidamente requisitada.

De 1945 a 2002, sucederam-se várias revisões à orgânica estrutural da PJ, aumentando o peso e volume do seu corpo institucional, tanto ao nível dos serviços de investigação criminal como naqueles cuja funcionalidade é o apoio à realização das competências conferidas aos primeiros, ampliando progressivamente a sua área geográfica de actuação, assim como de competências de investigação, em consonância com o desenvolvimento sociopolítico e económico da sociedade portuguesa, e a natureza da expressividade das formas criminais que ocorreram nos diversos sectores e dimensões da vida social.

No desenvolvimento do presente estudo, centrado sobre trajectórias criminais do género feminino, em particular de indivíduos nascidos no ano de 1967, importa centrarmo-nos na natureza e atribuições, assim como nas competências em matéria de investigação criminal atribuídas à PJ a partir da entrada em vigor do Decreto-Lei n.º 458/82 de 24 de Novembro, diploma que revê a estrutura organizacional da PJ, em consonância com outras importantes alterações legislativas, como a revogação do Código Penal de 1886 pelo vigor do Decreto-Lei n.º 400/82 de 23 de Setembro com início a 1 de Janeiro de 1983, ocorridas nesse período histórico caracterizado pelo fim do período revolucionário iniciado em 1974 com a Revolução de Abril.

No ano de 1982, a PJ é considerada «um serviço de prevenção e investigação criminal, auxiliar da administração da justiça, organizado hierarquicamente na dependência do Ministro da Justiça», sendo que as suas funções «são exercidas na defesa da legalidade democrática e no respeito dos direitos dos cidadãos, cabendo a sua fiscalização ao ministério público» (Artigo 1.º Decreto-Lei n.º 458//82), competindo-lhe exclusivamente, sem prejuízo de delegação de outros tipos de crimes pelo Procurador-Geral da República após ouvido o Director-Geral da PJ, a investigação dos crimes:

a) Puníveis com as penas dos n. 1 a 4 do artigo 55.º do Código Penal, ou com a pena de prisão por mais de 3 anos ou demissão previstas no novo Código Penal, quando cometidos por incertos;
b) De furto de bens culturais e tráfico ilícito de capitais;
c) De falsificação de moeda, notas de banco, valores selados, títulos da dívida pública ou de outros títulos de crédito ou a passagem de tais valores falsificados;
d) De tráfico de estupefacientes;
e) Contra a segurança do Estado;
f) Executados com bombas, granadas, substâncias ou engenhos explosivos, armas de fogo proibidas e cartas ou encomendas armadilhadas;
g) De rapto para a tomada e retenção de reféns, sequestro ou cárcere privado;
h) De associações criminosas, de organizações terroristas ou por estas praticados;
i) Contra a integridade física ou a liberdade das pessoas com direito à protecção internacional, compreendendo os agentes diplomáticos;
j) Abrangidos pela Convenção sobre Infracções e Outros Actos cometidos a Bordo de Aeronaves;
k) Abrangidos pela Convenção para a Repressão da Captura Ilícita de Aeronaves;
l) Abrangidos pela Convenção para a Repressão de Actos Ilícitos contra a Segurança da Aviação Civil. (Artigo 5.º do Decreto-Lei n.º 458/82)

Não obstante a revisão ocorrida em 1987, com o Decreto-Lei n.º 387-H/87 de 30 de Novembro, a entrada em vigor da lei orgânica da PJ de 1990, pelo Decreto-Lei n.º 295-A/90 de 21 de Setembro, reforça e especifica a competência *exclusiva* para investigação criminal dos seguintes crimes:

a) Tráfico de estupefacientes e de substâncias psicotrópicas;
b) Falsificação de moeda, títulos de crédito, valores selados, selos e outros valores equiparados ou a respectiva passagem;

c) Fraude na obtenção ou desvio de subsídio, subvenção ou crédito;
d) Corrupção;
e) Organizações terroristas e terrorismo;
f) Contra a segurança do Estado, com excepção dos que respeitem à mutilação para isenção de serviço militar e à emigração para dele se subtrair, assim como dos relativos ao processo eleitoral;
g) Participação em motim armado;
h) Captura ou perturbação dos serviços de transporte por ar, água e caminho-de-ferro;
i) Contra a paz e a humanidade;
j) Escravidão, sequestro e rapto ou tomada de reféns;
k) Roubos em instituições de crédito ou repartições da Fazenda Pública;
l) Executados com bombas, granadas, matérias ou engenhos explosivos, armas de fogo proibidas e objectos armadilhados;
m) Homicídio voluntário, desde que o agente não seja conhecido;
n) Furto de coisa móvel que tenha valor científico, artístico ou histórico e que se encontre em colecções públicas ou em local acessível ao público, que possua elevada significação no desenvolvimento tecnológico ou económico ou que, pela sua natureza, seja substância altamente perigosa;
o) Associações criminosas;
p) Incêndio, explosão, exposição de pessoas a substâncias radioactivas e libertação de gases tóxicos ou asfixiantes, desde que, em qualquer caso, o facto seja imputável a titulo de dolo;
q) Tráfico de veículos furtados ou roubados e viciação dos respectivos elementos identificadores;
r) Falsificação de cartas de condução, livretes e títulos de propriedade de veículos automóveis, de certificados de habilitações literárias, de passaportes e de bilhetes de identidade. (Artigo 4.º do Decreto-Lei n.º 295-A/90).

Para além das tipologias de crimes elencados, o diploma ainda prevê que à PJ possa ser delegada competência para realização da investigação criminal para determinados tipos de crimes, desde que puníveis com pena de prisão superior a três anos, por deferimento do Procurador-Geral da República, ouvido o Director-Geral da PJ. Desse modo, foram-lhe delegadas competências para realização da investigação criminal de elevado número de processos-crime por Furto, Roubo, Burla, Abuso de Confiança, entre outros tipos, os quais se constituíram num dos factores principais responsáveis pela elevada pendência processual existente na PJ, pelo menos até ao ano de 2000, altura em que o sistema de investigação criminal foi objecto de reestruturação.

O exponencial processo de globalização da economia, e dos mercados internacionais, impulsionado pelos desenvolvimentos concretizados no sector da ciência e da tecnologia, assim como com a supressão das barreiras fronteiriças no espaço da União Europeia, surgem novas formas de criminalidade cuja prevenção e repressão das suas manifestações não se compadecem com as técnicas tradicionais de investigação criminal. Face às alterações ocorridas na vida social das sociedades modernas, houve necessidade de o Legislador adequar a instituição Polícia Judiciária, enquanto organismo policial com maior lastro de experiência na realização da investigação criminal, aos novos desafios. Nesse sentido, o Decreto-Lei n.º 275-A/2000 de 9 de Novembro, reforça as competências da PJ, referindo-se-lhe enquanto corpo especial de investigação criminal tecnicamente apetrechado e preparado cientificamente capaz de fazer face às formas de criminalidade mais complexa.

Conforme decorre da letra da lei o novo quadro normativo da orgânica da PJ «associa as funções de investigação e prevenção à centralização nacional da informação criminal e respectiva coordenação operacional.» (Decreto-Lei n.º 275-A/2000). A natureza da PJ conferida pela lei passa a ser a de «um corpo superior de polícia criminal auxiliar da administração da justiça, organizado hierarquicamente na dependência do Ministro da Justiça e fiscalizado nos termos da lei.» (Artigo 1.º do Decreto-Lei n.º 275-A/2000).

No que concerne às competências da PJ em termos de investigação criminal, a lei orgânica de 2000, articula-se com especial acuidade com a Lei n.º 21/2000 de 10 de Agosto, designada de Organização da Investigação Criminal, reconfigurando as competências desse corpo superior de polícia criminal, distinguindo aquelas que designa de *especificas*, das que reporta como sendo *reservadas*.

Assim, em matéria de investigação criminal constitui competência *específica* da PJ:

a) A investigação dos crimes cuja competência reservada lhe é conferida pela presente lei (Decreto-Lei n.º 275-A/2000) e dos crimes cuja investigação lhe seja cometida pela autoridade judiciária competente para a direcção do processo (o Ministério Público na fase de inquérito, e o Juiz de Instrução Criminal na fase de instrução), nos termos do n.º 3 (do mesmo Decreto-Lei n.º 275-A/2000);
b) Assegurar a ligação dos órgãos e autoridades de polícia criminal portugueses e de outros serviços públicos nacionais com as organizações internacionais de cooperação de polícia criminal, designadamente a INTERPOL e a EUROPOL;
c) Assegurar os recursos nos domínios da centralização, tratamento, análise e difusão, a nível nacional, da informação relativa à criminalidade participada e conhecida, da perícia técnico-cientifica e da formação especifica adequada às atribuições de prevenção e investigação criminais, necessários à sua actividade e que apoiem a acção dos demais órgãos de polícia criminal. (Decreto-Lei n.º 275-A/2000)

Constitui competência *reservada* da PJ, em matéria de investigação criminal, a investigação dos seguintes crimes:

a) Homicídio voluntário, desde que o agente não seja conhecido;
b) Contra a liberdade e contra a autodeterminação sexual a que corresponda, em abstracto, pena superior a 5 anos de prisão, desde que o agente não seja conhecido, ou sempre que sejam expressamente referidos ofendidos menores de 16 anos ou outros incapazes;
c) Incêndio, explosão, exposição de pessoas a substâncias radioactivas e libertação de gases tóxicos ou asfixiantes, desde que, em qualquer caso, o facto seja imputável a título de dolo;
d) Poluição com perigo comum;
e) Furto, roubo, dano, contrafacção ou receptação de coisa móvel que tenha valor científico, artístico ou histórico ou

para o património cultural que se encontre em colecções públicas ou privadas ou em local acessível ao público, que possua elevada significação no desenvolvimento tecnológico ou económico ou que, pela natureza, seja substância altamente perigosa;
f) Falsificação de cartas de condução, livretes e títulos de propriedade de veículos automóveis, de certificados de habilitações literárias, de passaportes e de bilhetes de identidade;
g) Tráfico e viciação de veículos furtados ou roubados;
h) Contra a paz e a humanidade;
i) Escravidão, sequestro e rapto ou tomada de reféns;
j) Organizações terroristas e terrorismo;
k) Contra a segurança do Estado, com excepção dos que respeitem ao processo eleitoral;
l) Participação em motim armado;
m) Captura ou atentado à segurança de transporte por ar, água, caminho de ferro ou rodovia a que corresponda, em abstracto, pena igual ou superior a 8 anos de prisão;
n) Executados com bombas, granadas, matérias ou engenhos explosivos, armas de fogo e objectos armadilhados, armas nucleares, químicas ou radioactivas;
o) Roubo em instituições de crédito, repartições da Fazenda Pública e correios;
p) Associações criminosas;
q) Relativos ao tráfico de estupefacientes e de substâncias psicotrópicas, tipificados nos artigos 21.º, 22.º, 23.º, 27.º, e 28.º, do Decreto-Lei n.º 15/93, de 22 de Janeiro, e dos demais previstos neste diploma que lhe sejam participados ou de que colha notícia;
r) Branqueamento de capitais, outros bens ou produtos;
s) Corrupção, peculato e participação económica em negócio e tráfico de influências;
t) Administração danosa em unidade económica do sector público e cooperativo;
u) Fraude na obtenção ou desvio de subsidio ou subvenção e ainda fraude na obtenção de crédito bonificado;
v) Infracções económico-financeiras cometidas de forma organizada ou com recurso à tecnologia informática;

w) Infracções económico-financeiras de dimensão internacional ou transnacional;
x) Informáticos;
y) Contrafacção de moeda, títulos de crédito, valores selados, selos e outros valores equiparados ou a respectiva passagem;
z) Relativos ao mercado de valores imobiliários;
aa) Insolvência dolosa;
bb) Abuso de liberdade e imprensa, quando cometida através de órgão de comunicação social de difusão nacional;
cc) Conexos com os crimes referidos nas alíneas s) a z);
dd) Ofensas, nas suas funções ou por causa delas, ao Presidente da República, ao Presidente da Assembleia da República, ao Primeiro-Ministro, aos presidentes dos tribunais superiores e ao Procurador-Geral da República. (Decreto-Lei n.º 275-A/2000).

Em matéria de competência de investigação criminal, para além das designadas como *especifica* e *reservada*, a PJ pode ainda ter competência deferida nos termos do consignado no Artigo 5.º da Lei de Organização da Investigação Criminal, «quando tal se afigurar em concreto mais adequado ao bom andamento da investigação», ou «quando, em face das circunstâncias concretas, se preveja que a investigação requeira conhecimentos ou meios técnicos especiais e mobilidade de actuação, em razão do alargamento espácio-temporal da actividade delituosa ou da multiplicidade das vitimas ou dos suspeitos.» (Artigo 5.º da Lei n.º 21/2000).

A 13 de Dezembro de 2002, o diploma que estrutura a orgânica da PJ e a lei que organiza a investigação criminal são objecto de alterações, sendo que entre as mudanças introduzidas interessam para o nosso objecto de estudo particularmente as alterações em matéria de competência de investigação criminal. As competências de investigação criminal da PJ são alargadas, estendendo-se, sem prejuízo das competências do Serviço de Estrangeiros e Fronteiras, à investigação dos crimes:

a) Auxilio à imigração ilegal;
b) Tráfico de pessoas, com o emprego de coacção grave, extorsão ou burla relativa a trabalho;

c) Falsidade de testemunho, perícia, interpretação ou tradução, conexos com os crimes referidos nas alíneas a) e b). (Artigos 3.º e 5.º respectivamente dos Decretos-Lei n.ºs 305/2002 e 304/2002).

No âmbito das competências *reservadas* conferidas à PJ, os diplomas referidos reintroduziram na esfera da competência desse organismo o alargamento da competência para investigação criminal dos casos anteriormente circunscritos às situações de «homicídio voluntário, desde que o agente não seja conhecido» fazendo constar também as situações de «homicídio doloso e ofensas dolosas à integridade física de que venha a resultar a morte», acrescentando ainda ao conjunto dos delitos de competência *reservada* as infracções criminais:

ee) Crimes tributários de valor superior a € 500.000 quando assumam especial complexidade, forma organizada ou carácter transnacional;

ff) Tráfico de armas, quando praticado de forma organizada. (Artigos 4.º e 5.º respectivamente dos Decretos-Lei n.ºs 305/2002 e 304/2002).

A investigação criminal dos crimes que decorrem das competências *específica*, *reservada*, e de *competência deferida*, resultantes da aplicação da lei, são em suma a matéria sobre a qual a acção da PJ se manifesta em termos de investigação e prevenção criminal. Tal facto implica que o estudo dos registos policiais do género feminino se restrinja essencialmente a esses tipos criminais e só residualmente a outros quando comunicados à PJ. Não obstante a abrangência do espectro de competências para investigação criminal, importa esclarecer que os registos policiais sobre os quais incide a análise encerram em si limites confinados às competências consignadas na lei e conferidas a esse órgão superior de investigação criminal.

A Fonte: Sistema Integrado de Informação Criminal

A informação é o substrato da investigação. É difícil, se não impossível realizar eficazmente a investigação criminal se a sua estrutura de sentido não estiver tratada, centralizada, sistematizada, e organizada de modo a dar resposta às solicitações de quem dela necessita. Por isso se refere que a dimensão da informação é de central importância para a realização da investigação criminal, em particular e maior acuidade quando o objectivo se centra sobre a análise de determinadas manifestações problemáticas de criminalidade comum e certas formas de criminalidade organizada.

Recorrendo a quem reflectiu sobre a questão da organização da informação criminal, Alfredo Barreto refere que «se as informações andarem dispersas perdem valor e grande parte do seu interesse, não só porque inoperantes por falta de tratamento completo, remissivo e globalmente sistematizado, mas porque obrigaria o utilizador a correr de arquivo em arquivo à procura dos dados que lhe interessam para determinada investigação.» (1988:188).

A informação espartilhada, por falta de meios técnicos para a integrar e interligar, é uma limitação que se repercute na qualidade e na eficácia da investigação criminal. Não existem sistemas perfeitos. Existem caminhos a percorrer para se prover uma melhor resposta às necessidades suscitadas por problemas específicos.

Na Polícia Judiciária, no âmbito da informação e da investigação criminal, até ao ano de 1999 existiam vários sistemas de recolha e armazenamento de dados, todos susceptíveis de consulta para efeitos de investigação criminal, mas em certa medida espartilhados. A partir desse ano, foi implementado um sistema informático, capaz de integrar na sua arquitectura uma parte substancial dos dados existentes noutros sistemas dessa organização policial. Referimo-nos ao Sistema Integrado de Informação Criminal (SIIC). Em plena fase de desenvolvimento e implementação do SIIC, Fernando Negrão, há data – 1998 – Director-Geral da Polícia Judiciária, apontava como objectivos fundamentais do projecto de informação criminal:

- «Promover a coordenação efectiva da investigação, eliminando a duplicação de investigações;
- Melhorar a eficiência interna, diminuindo custos e aumentando a produtividade;
- Incentivar o desenvolvimento da circulação de informação;
- Passar de bolsas dispersas de informação a um sistema integrado contendo toda a informação do conhecimento da Polí-

cia Judiciária e, em momento posterior, de todas as Polícias; e por fim,
• Reforçar a qualidade de polícia de investigação aumentando a sua credibilidade, quer interna, quer externamente.» (1998: 57-58)

O Sistema Integrado de Informação Criminal, constituiu desse modo uma resposta à necessidade que as vicissitudes da era da sociedade de informação e da comunicação impunham à própria investigação criminal. Rapidez relacional entre dados e análise de informações, para uma eficaz intervenção no domínio da investigação criminal, da produção da prova, e por último da própria realização da Justiça. A integração de dados de várias origens num único sistema, com potencial de correlação, constituiu sem qualquer margem de dúvida um passo de gigante no exercício da análise criminal e na coadjuvação da investigação criminal.

Os objectivos de análise criminal, operacional e estratégica, e de coordenação das investigações, foram fulcrais na elaboração do desenho da arquitectura do SIIC, tornando-o num sistema de informações estruturante do sistema de investigação criminal. A centralização, a análise e a capacidade de coordenação da informação, em particular das investigações em curso, possibilitaram economia de recursos materiais e humanos, e potenciaram a eficácia da investigação criminal.

Também para o projecto de carácter científico que nos propomos conduzir, centrado nas trajectórias criminais de mulheres, nos parece que o SIIC, enquanto repositório de informação criminal resultante de dezenas de anos de esforço de investigação criminal, contém informação importante capaz de contribuir para a edificação do conhecimento que procuramos construir em torno do crime e dos seus actores.

Selecção da Amostra e Recolha de Dados: dificuldades e limites

Importa referir, antes de tecermos qualquer consideração referente à amostra, que os dados utilizados para desenvolver o projecto apenas foram colhidos após autorização deferida pelo Director Nacional da Polícia Judiciária, à data – 2002 – em exercicio, e estritamente para fins científicos, não pondo em causa a identidade de qualquer indivíduo. Conforme se irá demonstrar, os elementos objectivos identificativos dos indivíduos constituintes da amostra enquanto pessoas identificáveis, não foram colhidos, e aqueles que interessavam para o desenvolvimento do estudo foram sujeitos a uma codificação numérica, insusceptível de serem associados a qualquer indivíduo em concreto. Por isso salientamos que o anonimato e a confidencialidade dos elementos utilizados é absoluta.

Uma das evidências da análise documental, reside no facto que a matéria constituída em potencial dado é algo de *definitivamente dado*, com poucas possibilidades de reequacionamento. Nesse sentido, os dados encerram em si uma limitação. São independentes do investigador, na medida em que este não teve qualquer intervenção no processo de produção dos dados. Preexistem sobre um formato que o investigador não interviu na sua construção. Já são, o que quer dizer que ao contrário da aplicação de questionários e entrevistas, nos quais o investigador detém algum controlo e previsão sobre o formato dos dados, no caso da análise de conteúdo deste tipo de documento electrónico, a primeira fase de aproximação aos dados resume-se à constatação da sua existência sem a prévia intervenção do investigador na sua génese.

À priori depara-se-nos a existência do documento no qual foi inscrita a informação que cabe ao investigador colher. Tal facto pressupõe o estudo crítico do documento enquanto base e suporte da informação onde esta foi inscrita. Da crítica às fontes surge a capacidade de gerar instrumentos adequados a colher os dados imprescindíveis para o estudo.

Deste modo, o estudo do conceito *trajectórias criminais,* com base nos registos da PJ, implica a análise sequencial desses registos com vista à definição de potenciais *carreiras criminais institucionalizadas*. Neste campo, Michel Kokoreff e Claude Faugeron (2002) partilham a opinião que a noção de *carreira* pode ser reduzida de forma análoga à noção de *trajectória*, retendo apenas a sucessão de eventos registados pelas instituições que efectuam controlo social. Assim, após a análise de conteúdo dos registos, seguiu-se a aplicação de metodologias de tipo quantitativo, através do instrumento estatístico *Statistical Package for the Social Sciences (SPSS)*[39], assim como de tipo qualitativo, em particular com a aplicação do instrumento de análise de informação *Analyst's Notebook*[40], explorando não só as potencialidades descritivas, como interpretativas das combinações que as variáveis possibilitarão.

Os registos não representam necessariamente a estrita realidade comportamental dos indivíduos a estudar. São sim factos associados a pessoas, com relevância jurídica e criminológica que, de certo modo, contribuem para definir o tipo de percurso criminal construído pelos indivíduos; são, no mínimo, parte do conjunto dos pontos que fazem o esboço da *trajectória criminal* dos indivíduos constituintes da amostra.

Já referimos que a fonte de onde os dados foram colhidos foi o Sistema Integrado de Informação Criminal da Polícia Judiciária. Nesse sentido, para desenvolver o projecto a que nos propusemos, tivemos que compreender a filosofia da arquitectura do sistema informático, em particular as duas aplicações que contêm a informação criminal pertinente para o desenvolvimento do estudo. Referimo-nos às aplicações, *Abertura de Investigação (AI)* e *Pessoa*, as quais embora aparentemente autónomas são estreitamente complementares.

A primeira contem informação resultante da actividade de investigação criminal, e a segunda contem informação acerca da identidade dos indivíduos intervenientes em situações de natureza criminal. Cada investigação ou documento de natureza criminal, assim como cada indivíduo, quando inseridos no sistema originam a criação, respectivamente, de uma *AI* e de uma *Pessoa*. As *AI's* e as *Pessoas* quando

---

[39] «O sistema SPSS foi concebido para análise de dados, estatística, e tratamento de informação em ambiente gráfico. Utiliza menus descritivos e caixas de diálogo de forma a oferecer uma interface amigável com o utilizador. O editor de dados (Data Editor) disponibiliza uma 'folha de cálculo' que facilita a entrada de dados e a definição de variáveis para análise. Pode ainda importar dados de outras folhas de cálculo, bases de dados ou outro tipo de ficheiros para gerar relatórios, gráficos, estatísticas descritivas e análises estatísticas complexas», (in www.uc.pt/ciuc/spss.htm) que se constituem instrumentos de apoio à decisão.

[40] É um programa de análise de informação, com capacidade para estabelecer ligações entre dados projectando graficamente diagramas e fluxos de interligação entre elementos, processando-os segundo uma lógica sequencial, e cronológica, permitindo efectuar análises no espaço, no tempo, e de estruturas de organizações de natureza variada.

criadas são identificadas com um número único atribuído pelo programa.

As *AI's* podem ser classificadas como *inquérito*, ou terem outras classificações, consoante a natureza dos documentos; no caso dos *inquéritos*, ou processos-crime, as *AI's* contêm a informação considerada criminalmente relevante para fazerem parte do acervo informacional do SIIC.

Na aplicação *Pessoa*, cada *número de pessoa* representa um indivíduo, no qual se encontra inscrita a identificação desse e a sua classificação policial, caso seja suspeito arguido. A articulação entre ambas as aplicações é feita pelo *número de pessoa* e pelo *número de AI*; ou seja, uma *AI* pode conter vários *números de pessoas* que representam os intervenientes na situação investigada ou comunicada, assim como cada *número de pessoa* pode conter vários *números de AI's* associados, que no fundo representam o número de situações em que o indivíduo foi identificado como interveniente.

Deste modo, procedeu-se à selecção dos indivíduos que constituem a amostra, determinando a dimensão do universo, tendo a pesquisa sido realizada (efectuada em 2003) com a introdução dos seguintes critérios de selecção:
- Sexo feminino;
- Nascidos no ano de 1967;
- Com pelo menos uma constituição de arguido;
- E com *ficha biográfica*.

Determinou-se que a população com as características referidas é constituída por 1.667 indivíduos. Atendendo à dimensão da população e ao tempo disponível para se proceder ao estudo das trajectórias criminais do género feminino, optou-se por determinar uma amostra representativa, tendo sido utilizado um intervalo de confiança de 95% e uma margem de erro de 5%. Desse modo a amostra teórica seria constituída por 312 indivíduos, número esse que seria ligeiramente aumentado, atendendo às situações que adiante descreveremos.

A recolha efectiva dos dados foi precedida por um processo demorado de recolha exploratória de dados em várias centenas de indivíduos, que permitiu o estudo da forma e do conteúdo, assim como do modo como a informação se encontra organizada no SIIC; também permitiu que se procedesse a sucessivas reformulações na estrutura dos instrumentos de recolha e análise de elementos[41]. Possibilitou o conhecimento da forma como os dados se encontram na base, e como tal a possibilidade de equacionar uma critica à mesma e ao modo de recolha dos dados.

Após o conhecimento das dimensões da população e da amostra, o produto da divisão da primeira pela segunda, permitiu-nos determinar um intervalo possível de selecção dos indivíduos – de 5 em 5 indivíduos foi escolhido 1.

Ao se ter efectuado a listagem dos indivíduos existentes, limitados às condições e características referidas, encontraram-se repetições de *números de pessoa*, referentes ao mesmo indivíduo. Nesse sentido, os registos foram ordenados por data de nascimento, para que desse modo se evitasse o problema existente no sistema e que se refere à repetição de algumas pessoas (ora do mesmo *número de pessoa* referente ao mesmo individuo, casos em que no mesmo número de pessoa constam vários nomes associados ao mesmo sujeito, ora de diferentes *números de pessoa* referentes ao mesmo indivíduo, casos em que determinado sujeito foi *criado* mais que uma vez no sistema sem que se tenha identificado com grau de certeza a sua prévia existência[42]), sendo por isso possível identificar as repetições quer de pessoa, quer de factos associados. Por esse motivo, no momento da recolha dos dados no sistema procurou-se sempre agrupar os *números de pessoa* pertencentes ao mesmo indivíduo, e aí explorar a informação existente, eliminando, para efeito de recolha, as repetições referentes à caracterização do indivíduo e dos factos que lhe estão associados. Também se recorreu, sempre que existia, à

---

[41] No início do processo de recolha de informação, colheram-se dados de indivíduos nascidos em 1968, na convicção de que seriam esses que no decurso do ano de 1983 atingiriam a maioridade penal. Foi, como é evidente, cometido um erro de aritmética, todavia esse erro, substanciado na recolha de dados de algumas centenas de indivíduos, possibilitou-nos um conhecimento mais estreito no que respeita ao próprio SIIC, mais especificamente na forma e no modo como a informação se encontra inscrita. Prova, uma vez mais, que o erro em ciência é muitas das vezes gerador de conhecimento e aperfeiçoamento.

[42] De referir que neste domínio após a selecção dos elementos constituintes da amostra, no momento da recolha dos dados, foi sempre feita pesquisa, 1.º pelo número de pessoa e 2.º pelo nome dessa pessoa, despistando desse modo possíveis repetições de indivíduos já constituintes da amostra.

ficha biográfica manual digitalizada, a qual corresponde à *ficha biográfica* em suporte papel utilizada pelos serviços da Polícia Judiciária, anterior à existência do SIIC, na qual se inscreviam os factos de natureza criminal relevantes, respeitantes aos suspeitos arguidos.

Aquando da selecção de determinados *números de pessoa*, a informação constante nesses registos revelou-se extremamente pobre, essencialmente no que concerne à caracterização social do indivíduo, pelo que quando sucediam casos como os descritos seleccionava-se o *número de pessoa* imediatamente anterior ao escolhido. Face a essas situações, nas quais se regredia na listagem, sem nunca repetir os que já tinham sido seleccionados, a amostra final ficou constituída por 331 indivíduos.

As *AI's* associadas a cada *número de pessoa*, não estavam organizadas segundo uma ordem cronológica. Devido à dispersão dos registos individuais, houve a necessidade de se proceder à sua reconstrução histórica e sequencial, através de um esforço de análise que possibilitou a sua ordenação cronológica, constituindo-se num conjunto organizado de elementos cuja estrutura é em si material em bruto e parte da potencial trajectória do indivíduo.

Procedeu-se à elaboração de matrizes de recolha de dados (*Características do Indivíduo; Residência; Elementos do Crime; Privação da Liberdade; e Classificação Policial*), sendo que os campos de recolha de elementos nesses instrumentos são coincidentes com os campos específicos de informação inscrita nas *AI's* e nas *Pessoas*, considerada pertinente para o estudo. Assim, foram construídas matrizes diferenciadas, específicas e adequadas a colher os elementos constantes ora nas *AI's*, ora nas *Pessoas*. Cada matriz tem na sua estrutura diversas variáveis, que não só a definem enquanto instrumento metodológico e de recolha de dados, como em si encerram organização categorial, estruturando e conferindo sentido aos dados colhidos. Essas variáveis providas de categorias serão objecto de codificação de modo a que os dados possam ser objecto de estudo no programa de tratamento e análise estatística SPSS.

Capítulo VI
Estudo dos Sujeitos constituintes da amostra

O desenvolvimento exploratório da questão das trajectórias criminais impunha que criássemos uma tipologia de delinquentes. Atendendo à natureza dos dados, eminentemente frequências de registos policiais de processos-crime imputados a pessoas do sexo feminino, concluímos que a estruturação da tipologia seria efectuada tendo como base esse elemento quantitativo – as frequências de registos associados a cada sujeito.

O número de registos-crime associados aos indivíduos constitui um indicador objectivo da ligação do sujeito ao comportamento de natureza criminal. A repetição, em frequência, de registos-crime sobre a mesma pessoa revela uma tendência criminal expressa e fixa no tempo. O tipo, ou os tipos criminais de registos-crime inscritos nas fichas policiais dos indivíduos, assim como a sua sequência cronológica, numa sucessão do mesmo valor jurídico violado, ou na diferença e diversidade axiológica, constituiu a base do esforço de enunciação de possíveis elementos preditores de determinado tipo de trajectórias criminais femininas institucionalizadas.

Desse modo, houve a necessidade de criar uma variável que expressasse com objectividade a enunciação de um potencial esboço de tipos de delinquência distintos. Denominámos essa variável – Tipo de Delinquente. Para tal, recorremos aos trabalhos desenvolvidos por Robert Svensson (2002), de forma a estruturarmos as categorias da variável Tipo de Delinquente. Este autor procurou identificar tipos de delitos que pudessem indiciar elevado risco de continuação de determinada carreira criminal, por oposição a outros tipos de delitos que representassem um risco mais baixo.

Na esteira de Wikström (*apud* Svensson, 2002), Svensson desenvolveu o conceito de *delitos estratégicos* («strategic offences»), introduzido em 1995 pelo primeiro, cujo significado se resume através do potencial efeito preditor que determinados delitos representam ao se manifestarem pela primeira vez, propensos a potenciarem o prosseguimento de uma carreira criminal. A partir da identificação da primeira condenação sentenciada Svensson procurou compreender se seria possível identificar delitos preditores de uma potencial carreira criminal. Nesse sentido, estudou um grupo de delinquentes condenados por crimes cometidos na Suécia, tendo distribuído esses indivíduos por quatro categorias segundo a frequência de comportamentos criminais registados: *Delinquentes primários* («One-time offenders»), condenados apenas uma vez; *Deliquentes ocasionais* («Occasional offenders»), condenados entre 2 a 3 vezes; *Delinquentes reincidentes* («Repeat offenders»), condenados entre 4 a 8 vezes; e *Delinquentes crónicos* («Chronic offenders»), condenados 9 ou mais vezes.

Atendendo ao tipo de dados com que trabalhamos – registos--crime de origem policial – julgamos que a tipologia apresentada por Svensson se adequa ao desenvolvimento do nosso projecto. Não obstante os registos-crime policiais não encerrarem em si um grau de certeza, relativa à veracidade ou à confirmação do crime que é imputado a determinado sujeito, como a que decorre da decisão de condenação proferida pelo Tribunal, os registos-crime policiais contêm potencial de ambiguidade relativo à suspeita susceptível de se confirmar ou não, independente de existir prova validada juridicamente de modo a estabelecer a ponte entre o crime cometido e aquele que o cometeu. Todavia, a frequência de mais que um registo--crime associado a determinado sujeito é indicador quantitativo razoável da possibilidade desse indivíduo poder inscrever no percurso da sua vida o cometimento de factos de natureza criminal. Nesse sentido, e tendo como base os intervalos definidos por Svensson, construímos uma tipologia similar, distribuindo os elementos da amostra pelas quatro categorias da variável Tipo de Delinquente:

- *Primário*, com apenas 1 registo;
- *Ocasional*, entre 2 e 3 registos;
- *Reincidente*, entre 4 e 8 registos;
- *Crónico*, 9 ou mais registos.

Conforme se pode depreender da sua estrutura quantitativa, as categorias da referida variável foram organizadas numa lógica progressiva de envolvimento no crime. O que procuraremos decifrar nas páginas que se seguem, serão os vários significados que cada categoria tipo de delinquente inscreve quer em cada tipo de crime (registo-crime) que as constituem, quer na lógica sequencial e estrutural, marcada pelo tempo, que a sucessão dos vários tipos de registos-crime assumem no *continuum* delitivo das suas trajectórias de vida.

As interpretações que de seguida se apresentam têm subjacente no plano técnico da análise a aplicação de testes estatísticos que aferem do grau de significância interpretativa do comportamento de cada variável, tanto na delimitação das suas categorias que a estruturam, como na articulação com as categorais de outras variáveis. Procederemos assim inicialmente à análise compartimentada de cada variável, articulada com as várias categorias tipo de delinquente feminino (*Primário, Ocasional, Reincidente, e Crónico*), para no final procedermos à articulação das várias variáveis analisadas, adquirindo cada categoria tipo de delinquente sentido e significado distintos.

Tipo de Delinquente

Conforme se depreende do quadro, os indivíduos pertencentes à categoria *Primário* são a maioria, aproximando-se de cerca de ½ da dimensão total da amostra (331 indivíduos), seguindo-se-lhes por ordem crescente de frequências associadas a cada categoria, da menos envolvida à mais envolvida no crime, a menos representada é

Quadro 2
Distribuição dos indivíduos constituintes da amostra
pelas categorias da variável Tipo de Delinquente

Tipo de Delinquente	Frequência	Percentagem
Primário	158	47,7
Ocasional	89	26,9
Reincidente	57	17,2
Crónico	27	8,2

a categoria *Crónico*, ou seja aqueles que apresentam frequências de registos-crime superiores a 8.

Não obstante a redundância, importa neste momento sublinhar que os elementos da amostra são todos do sexo feminino, e nascidos no decurso do ano de 1967, escolha estruturada em função de critérios objectivos e já expostos. Dessa forma, no ano de 1983 todos os elementos constituintes da amostra estariam em condições, caso fossem indiciados da prática de crime, de serem responsabilizados criminalmente – no decurso desse ano o sujeito nascido a 1 de Janeiro de 1967 completaria no primeiro dia do ano de 1983 a idade de 16 anos – susceptível por isso de ser criada uma *ficha policial* onde seria inscrito o registo-crime de que estaria indiciado.

De salientar o facto que as variáveis susceptíveis de caracterizarem sócio-culturalmente (Relação Conjugal; Habilitações Literárias; Grupo Profissional; Sinalética) e em termos geográficos (Naturalidade; Nacionalidade) os elementos da amostra, ao serem cruzadas com a variável central – Tipo de Delinquente – os níveis de significância da aplicação do teste estatístico Qui-quadrado revelaram distribuições muito pouco ou nada significativas. Por outras palavras, a distribuição das categorias das variáveis susceptíveis de caracterizarem a amostra pelas categorias da variável Tipo de Delinquente é bastante homogénea, não revelando por isso diferenças relevantes.

Desse modo, não nos parece pertinente que procedamos à caracterização da amostra através da distribuição das categorias das variáveis referidas pelas categorias da variável Tipo de Delinquente. Todavia, tal facto não obsta a que se possa proceder à caracterização geral da amostra, seja em termos sócio-culturais seja em termos geográficos. Nesse sentido, tendo sido aplicado o referido teste estatístico a cada variável referida, constatou-se ser possível traçar um esboço do perfil da amostra.

Relação Conjugal

A aplicação desta variável procura aferir a percentagem de indivíduos que expressaram a manutenção, ou não, de uma relação conjugal. Construíram-se as categorias: Nunca Tiveram, que abrange as situações em que os indivíduos nunca viveram qualquer tipo de relação conjugal; Têm, abrangendo os casos em que existe uma relação conjugal; e Já Tiveram, referindo-se às situações em que não obstante já terem tido uma relação conjugal, a mesma não se manteve, fosse por rotura conjugal, fosse pela morte de um dos cônjuges.

Quadro 3
Distribuição das frequências da variável Relação Conjugal pelas categorias que a estruturam

Relação conjugal	Frequência	Percentagem
Nunca tiveram	149	47,3
Têm	103	32,7
Já tiveram	63	20,0

Cerca de 2/3 dos elementos da amostra não detêm qualquer relação conjugal, sendo na sua maioria solteiros (45%), viúvos (1,2%) e divorciados/separados (17,9%). Os restantes, pouco menos de 1/3 possuem relações conjugais seja através do casamento (30,5%) ou da união de facto (0,6%).[43]

Naturalidade

No que concerne ao local de nascimento, para aqueles que nasceram em território português, tomaram-se como referência classificativa e categorial da variável Naturalidade, os níveis de Nomenclatura das Unidades Territoriais para Fins Estatísticos (NUTS)[44], e para os indivíduos que nasceram fora do território nacional, procedeu-se à distinção entre ex-colónias portuguesas do continente afri-

---

[43] Não foi possível apurar o estado civil a 4,8% dos elementos da amostra.
[44] Norte (Viana do Castelo, Braga, Porto, Vila Real, Bragança); Centro (Aveiro, Coimbra, Leiria, Viseu, Guarda, Castelo Branco); Lisboa (Lisboa, Setúbal); Alentejo (Santarém, Portalegre, Évora, Beja); Algarve (Faro); Madeira (O Arquipélago da Madeira no seu todo); Açores (O Arquipélago dos Açores no seu todo).

cano e outros países desse continente, assim como outros países localizados na América do Sul, e na Ásia.

Assim, referente à naturalidade os sujeitos constituintes da amostra distribuem-se por ordem decrescente pelos seguintes locais: Lisboa (36,3%), Norte (19,3%), Centro (14,8%), Alentejo (7,9%), Açores (1,8%), Algarve (1,5%), Madeira (0,3%). Existem também alguns indivíduos que nasceram no estrangeiro (12,1%), sendo que desses 9,7% do total da amostra nasceram nos Países Africanos de Língua Oficial Portuguesa (PALOP) e no Brasil.

Quadro 4
Distribuição das frequências da variável Naturalidade pelas categorias que a estruturam

Naturalidade	Frequências	Percentagem
Norte	64	19,3
Centro	49	14,8
Lisboa	120	36,3
Alentejo	26	7,9
Algarve	5	1,5
Madeira	1	0,3
Açores	6	1,8
PALOP	32	9,7
América Sul	6	1,8
África	1	0,3
Ásia	1	0,3
desconhecido	20	6,0

Nacionalidade

Há semelhança do que a distribuição frequencial pelas diversas categorias da variável Naturalidade demonstrou, a maioria dos elementos da amostra é de nacionalidade portuguesa (88,8%), sendo que os restantes indivíduos têm nacionalidades na sua quase totalidade pertencente aos PALOP[45] e ao Brasil[46] (6,3%), existindo

---

[45] 4,9%.
[46] 1,5%.

residualmente indivíduos com nacionalidade de países da Europa Ocidental (2,1%), de outros países da América do Sul (1,8%), e do Continente Asiático (0,3%).

Quadro 5
Distribuição das frequências da variável Nacionalidade pelas categorias que a estruturam

Nacionalidade	Frequência	Percentagem
Portugal	294	88,8
Dos PALOP e Brasil	21	6,3
Da Europa	7	2,1
Da América Sul	6	1,8
Da Ásia	1	0,3
desconhecido	2	0,6

Em suma, em termos de pertença geográfica, pela naturalidade ou nacionalidade, a amostra é na sua maioria portuguesa, sendo que mesmo na maioria dos casos em que os indivíduos são naturais ou nacionais de outros países, pertencem a países que possuem laços estreitos com Portugal, essencialmente pela história que os une e pela língua que partilham.

Sinalética

A variável Sinalética foi construída com base na cor da pele dos indivíduos, ou quando constavam nos registos referência à etnia de pertença, tomava-se essa característica como elemento a considerar.

Há que sublinhar que estes elementos não foram tomados seguindo qualquer princípio discriminatório em função da raça, etnia, ou qualquer outro. Indubitavelmente este tipo de elemento é fundamental para a prossecução da investigação criminal, por se tratar de características que poderão contribuir para a identificação dos suspeitos. Todavia, não obstante a importância desse elemento no âmbito da actividade de investigação criminal desenvolvida pela Polícia Judiciária, constatou-se que só em 56,5% dos casos[47] é que

---

[47] Representa 187 indivíduos de uma amostra de 331.

figurava nos registos indicação quanto à cor da pele ou origem étnica dos sujeitos.

Para o presente estudo, tomaram-se esses elementos como variáveis de forma a indagar se a sinalética imutável, ou étnica estariam associadas a determinado tipo de percurso criminal.

Quadro 6
Distribuição das frequências da variável Sinalética pelas categorias que a estruturam

Sinalética imutável	Frequências	Percentagem
Branco	144	77,0
Cigano	23	12,3
Preto	18	9,6
Outras	2	1,1

Em termos de caracterização geral da amostra, mais de ¾ dos sujeitos são Brancos, sendo que os restantes se distribuem pelas diferentes categorias da variável, listando-se por isso por ordem decrescente: Cigano, Preto, e Outras.

Habilitações Literárias

As habilitações literárias constituem uma das formas de aferir o grau de cultura institucionalizada dos sujeitos, e em certa medida da potencial posição que ocupam na comunidade.

Apenas foi possível apurar as habilitações literárias de 34,4% da amostra, o que em certa medida revela uma lacuna frequente nos registos da Polícia Judiciária, dificultando a elaboração de perfis sócio-culturais. A dimensão total dos casos em que não foi possível colher dados representa quase 2/3 do total da amostra em estudo, ou seja 217 indivíduos.

Não obstante a evidente insuficiência de dados, os quais apenas abrangem cerca de 1/3 do total da amostra, os existentes constituem indicador do provável nível de escolarização dos sujeitos em estudo.

Quadro 7
Distribuição das frequências da variável Habilitações Literárias
pelas categorias que a estruturam

Habilitações Literárias	Frequência	Percentagem
Analfabeto	13	11,4
Sabe ler e escrever	5	4,4
1.º Ciclo	38	33,3
2.º Ciclo	20	17,5
3.º Ciclo	23	20,2
Secundário	12	10,5
Superior	3	2,6

Nos casos em que foi possível determinar o grau de escolarização, depreende-se que a maioria (66,7%)[48] possuem no máximo o 2.º ciclo, sendo que os restantes só residualmente detêm o 3.º ciclo (20,2%)[49], o secundário (10,5%)[50], ou superior (2,6%)[51].

Dos valores apurados, infere-se que a larga maioria dos sujeitos em estudo possuem capital escolar bastante baixo, salientando-se o facto de que em cerca de 16% dos sujeitos que foi possível apurar o grau de escolaridade nunca chegaram a frequentar ou completar um ano de ensino, assim como 33,3% apenas revelaram possuir o 1.º ciclo.

Grupo Profissional

A baixa escolarização dos elementos constituintes da amostra repercute-se nas suas competências profissionais.

Construiu-se a variável Grupo Profissional, tendo como referência as categorias dos grupos profissionais previstas na Classificação

---

[48] Do total da amostra há que salientar que 6% possuem o 2.º ciclo, 11,5% o 1.º ciclo, 1,5% não obstante não possuírem qualquer nível escolar sabem ler e escrever, e 3,9% são analfabetos. Em suma, e de uma forma em geral os indícios apontam para que a amostra no seu todo é constituída por indivíduos muito pouco escolarizados.

[49] Do total da amostra representa 6,9%.

[50] Do total da amostra representa 3,6%.

[51] Do total da amostra representa 0,9%.

Nacional das Profissões (CNP) definidas pelo Instituto Nacional de Estatística. Com base nos dados referidos pelos indivíduos, aquando da sua identificação no decurso da investigação criminal, quanto à sua condição perante o trabalho e profissão inscritos na fonte a que recorremos, procedemos à classificação desses elementos com base no definido na CNP.

Quadro 8
Distribuição das frequências da variável Grupo Profissional
pelas categorias que a estruturam

Grupo profissional	Freq.	%
Quadros superiores da administração pública	0	0,0
Directores de empresa	11	4,4
Directores e gerentes de pequenas empresas	9	3,6
Especialistas das ciências físicas, matemáticas e engenharia	1	0,4
Especialistas das ciências da vida e profissionais da saúde	2	0,8
Docentes do ensino secundário, superior e profissões similares	0	0,0
Outros especialistas das profissões intelectuais e cientificas;	5	2,0
Técnicos e profissionais de nível intermédio das ciências físicas/químicas, da engenharia e trabalhadores similares	1	0,4
Profissionais de nível intermédio das ciências da vida e da saúde	0	0,0
Profissionais de nível intermédio do ensino	4	1,6
Outros técnicos e profissionais de nível intermédio	4	1,6
Empregados de escritório	25	10,0
Empregados de recepção, caixas, bilheteiros e similares	3	1,2
Pessoal dos serviços directos e particulares, de protecção e segurança	51	20,3
Manequins, vendedores e demonstradores	2	0,8
Agricultores e trabalhadores qualificados da agricultura, criação de animais e pescas	0	0,0
Agricultores e pescadores – agricultura e pesca de subsistência	0	0,0
Operários, artífices e trabalhadores similares das indústrias extractivas e da construção civil	0	0,0
Trabalhadores da metalurgia e da metalomecânica e trabalhadores similares	0	0,0
Mecânicos de precisão, oleiros e vidreiros, artesãos, trabalhadores das artes gráficas e trabalhadores similares	3	1,2
Outros operários, artífices e trabalhadores similares	6	2,4
Operadores de instalações fixas e similares	0	0,0
Operadores de máquinas e trabalhadores da montagem	0	0,0
Condutores de veículos e embarcações e operadores de equipamentos pesados móveis	0	0,0
Trabalhadores não qualificados dos serviços e comércio	44	17,5
Trabalhadores não qualificados da agricultura e pescas	0	0,0
Trabalhadores n/qualificados das minas, construção civil/obras públicas/indústria transformadora e dos transportes	0	0,0

Uma vez mais, em cerca de ¼ dos casos, correspondente a 80 indivíduos, não foi possível determinar o tipo de profissão. Os registos da Polícia Judiciária padecem de forma significativa de algum deficit de informação, no que se refere à Sinalética, às Habilitações Literárias, e no presente caso, ao Grupo Profissional de pertença.

Em cerca de outro ¼ dos registos a informação constante demonstrou que os sujeitos não detinham qualquer profissão, conforme definida na CNP, encontrando-se ora na condição de domésticas (22,4%)[52], ora na de estudantes (1,8%)[53].

Os registos nos quais constava informação relativa à profissão dos indivíduos (cerca de ½ da amostra), os grupos profissionais mais representados são, por ordem decrescente: Pessoal Serviços Directos e Particulares de Protecção e Segurança (20,3%), Trabalhadores Não Qualificados dos Serviços e Comércio (17,5%), e os grupos menos representados: Especialistas Ciências da Vida e Profissionais da Saúde (0,8%), Manequins Vendedores e Demonstradores (0,8%), Técnicos e Profissionais de Nível Intermédio das Ciências Físicas Químicas da Engenharia e Trabalhadores Similares (0,4%) e Especialistas das Ciências Físicas Matemáticas e Engenharia (0,4%).

Se efectuarmos o cruzamento entre as variáveis Habilitações Literárias e Grupo Profissional, não obstante a falta de elementos, verificamos que a maioria dos sujeitos que compõem a amostra são pouco escolarizados e detêm profissões ou condições perante o trabalho pouco qualificadas, pelo que se presume que potencialmente pertencerão a estratos sociais populares, caracterizados por condições sociais de existência precárias. Só uma pequena franja da amostra é que pertence a grupos profissionais com qualificações elevadas, condicentes com o grau de habilitações literárias exigível para o desempenho das profissões que lhes estão associadas.

Conforme expusemos, ficou demonstrado que a distribuição das frequências pelas categorias das variáveis Relação Conjugal, Grupo Profissional, Sinalética e Nacionalidade, quando cruzadas com as categorias *Primário, Ocasional, Reincidente* e *Crónico* pertencentes

---

[52] Representa no universo considerado, 74 pessoas.
[53] Representa no universo considerado, 6 pessoas.

à variável Tipo de Delinquente revelaram um nível de significância nulo. No mesmo sentido, evitou-se desenvolver qualquer tipo de interpretação no que concerne ao comportamento das variáveis Habilitações Literárias e Naturalidade, pois ao terem revelado um nível baixo de significância, as inferências que se pudessem extrair do resultado dos cruzamentos seriam de tal modo frágeis que poderiam enviesar a perspectiva sobre o quadro característico da generalidade dos elementos da amostra.

A Idade ao primeiro registo

Na sequência do que referimos no ponto subordinado à variável Tipo de Delinquente, importa sublinhar que não é possível pronunciarmo-nos acerca da idade enquanto referência estática e característica dos elementos constituintes da amostra. O estudo que desenvolvemos centra-se sobre determinados dados de uma amostra constituída por sujeitos que se situam num determinado intervalo de tempo das suas vidas. No caso em concreto os indivíduos da amostra não têm menos de 16 anos, pois essa é a base legalmente admissível para poderem ser criminalmente responsáveis em razão da idade. Também não têm mais que 36 anos, na medida em que os dados que foram colhidos nos registos policiais respeitam a factos ocorridos até ao ano de 2003. Assim, o período de observação dos registos-crime encontra-se circunscrito à geração nascida durante o ano de 1967, no intervalo compreendido entre os anos de 1983 e 2003, correspondente ao período de vida dos indivíduos entre os 16 e os 36 anos de idade. O trabalho que desenvolvemos tem uma abrangência de 20 anos.

A idade dos elementos constituintes da amostra será identificada por referência a determinados factos que lhes são imputados. Sendo objecto da presente análise o estudo de trajectórias criminais institucionalizadas do género feminino, a idade dos sujeitos é estabelecida num momento determinado, convertido no tempo inscrito no registo policial.

Importa precisar a idade dos sujeitos aquando do primeiro registo policial. Tal facto não pode ser confundido com a idade de início da actividade criminal, pois conforme já referimos os dados encerram as limitações dos critérios que lhe subjazem.

Quadro 9
Distribuição das frequências da variável Ano do Primeiro Registo
pela idade dos indivíduos constituintes da amostra

Idade	16	17	18	19	20	21	22	23	24	25	26	27	28	29	30	31	32	33	34	35	36
Frequência	6	11	6	15	10	10	11	12	22	26	27	28	30	23	22	11	17	19	18	6	0
%	1,8	3,3	1,8	4,5	3,0	3,0	3,3	3,6	6,6	7,9	8,2	8,5	9,1	6,9	6,6	3,3	5,1	5,7	5,4	1,8	0,0

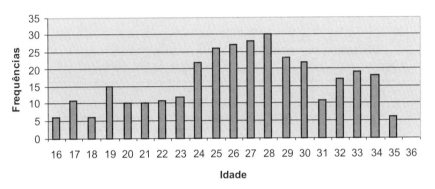

Figura 1
Idade dos sujeitos constituintes da amostra aquando do primeiro registo-crime

A aplicação do teste Qui-quadrado à variável Ano do Primeiro Registo revelou um nível de significância altamente significativo[54].

Se agruparmos as diversas categorias da variável Ano do Primeiro Registo em três grandes períodos designados: dos 16 aos 21 anos; dos 22 aos 30 anos; e dos 31 aos 36 anos, tendo por referência a lei penal especial para jovens que abrange os indivíduos com idade entre os 16 e os 21 anos, as frequências distribuem-se percentualmente pelos referidos intervalos, respectivamente: 17,4%; 60,7%; e 21,3%.

Indubitavelmente o período de vida em que foram efectuados maior número de primeiros registos-crime situa-se no segundo inter-

---

[54] Há que fazer constar que do total da amostra – 331 – não foi possível determinar a data do Ano do Primeiro Registo a um dos sujeitos pertencentes à categoria *Primário* da variável Tipo de Delinquente.

valo considerado. Se nos centrarmos nesse período constatamos que a variação mais acentuada ocorre a partir dos 24 anos continuando a ascendente até aos 28 anos, iniciando a partir daí uma tendência descendente, não tornando a alcançar os valores registados na idade dos 28 anos.

Se efectuarmos o cruzamento entre as categorias das variáveis Tipo de Delinquente e Ano do Primeiro Registo, a aplicação do teste estatístico Qui-quadrado, revela-nos que o nível de distribuição das frequências pelas categorias do cruzamento referido é altamente significativo.

Quadro 10
Distribuição das frequências da variável Ano do Primeiro Registo pelas categorias da variável Tipo de Delinquente

Tipo Delinquente	Ano Primeiro Registo									
	1983	1984	1985	1986	1987	1988	1989	1990	1991	1992
Primário	3	1	1	2	3	3	2	5	8	10
Ocasional	1	3	2	2	2	3	3	3	9	8
Reincidente	2	5	1	7	4	0	3	1	4	7
Crónico	0	2	2	4	1	4	3	3	1	1

Tipo Delinquente	Ano Primeiro Registo									
	1993	1994	1995	1996	1997	1998	1999	2000	2001	2002
Primário	10	14	15	14	13	8	13	14	12	6
Ocasional	11	6	8	5	7	3	4	3	6	0
Reincidente	5	6	6	2	2	0	0	2	0	0
Crónico	1	2	1	2	0	0	0	0	0	0

O quadro evolutivo do cruzamento das categorias da variável Ano do Primeiro Registo com as categorias *Primário, Ocasional, Reincidente* e *Crónico* da variável Tipo de Delinquente, permite-nos situar o primeiro registo no tempo, e referenciá-lo aos vários tipos de delinquentes.

Figura 2
Proporção categorial tipo de delinquente pelo ano em que ocorreu o primeiro registo

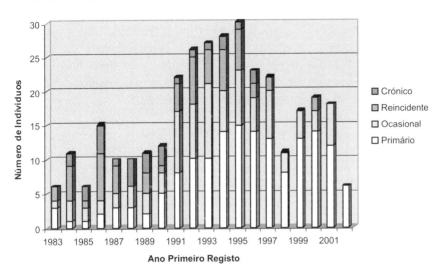

Não obstante a omnipresença de primeiros registos-crime da categoria *Primário* em todos os anos do período em estudo (excepto em 2003, no qual não ocorreram quaisquer primeiros registos em nenhuma categoria da variável Tipo de Delinquente), há que salientar as especificidades da evolução das categorias tipo de delinquente no que respeita à inscrição do primeiro registo-crime no tempo.

Constata-se que a categoria *Primário* assume expressão significativa no período compreendido entre os anos 1994 até 2001 (intervalo de 8 anos de um total de 20, correspondente ao tempo em que os sujeitos se situam entre os 27 e os 35 anos), com 66% dos primeiros registos a ocorreram nesse período.

A categoria *Ocasional* expressa uma tendência semelhante à categoria *Primário*, reduzindo no entanto o período de maior expressão situando-o entre os anos de 1991 até 1997 (intervalo de 7 anos de um total de 20, correspondente ao tempo em que os sujeitos se situam entre os 24 e os 30 anos), com 61% dos primeiros registos a verificarem-se nesse intervalo.

Ao invés da tendência expressa pelas categorias precedentes, a categoria *Reincidente* expõe dois períodos nos quais se denota uma expressividade bastante significativa. O primeiro período, menos expressivo, situa-se entre os anos de 1984 e 1987 (intervalo de 4 anos de um total de 20, correspondente ao tempo em que os sujeitos se situam entre os 17 e os 20 anos), com 30% dos primeiros registos a ocorrerem nesse intervalo; o segundo período, mais expressivo, situa-se no intervalo entre 1991 e 1995 (intervalo de 5 anos de um total de 20, correspondente ao tempo em que os sujeitos se situam entre os 24 e os 28 anos), com 50% dos primeiros registos a confirmarem-se nesse intervalo.

A categoria *Crónico* expressa ocorrências de primeiros registos muito significativas no período de 1984 até 1990 (intervalo de 7 anos de um total de 20, correspondente ao tempo em que os sujeitos se situam entre os 17 e os 23 anos), com 70% dos primeiros registos a ocorrerem nesse intervalo de tempo considerado.

Denota-se que as categorias da variável Tipo de Delinquente caracterizadas por uma estrutura enunciada com maior número de registos-crime tendem a inscrever nas suas trajectórias criminais os primeiros registos-crime de uma forma mais precoce, do que as categorias com estrutura caracterizada por menor número de registos--crime. Nestas últimas, a tendência de inscrição do primeiro registo--crime nas trajectórias delitivas é mais tardia que nas primeiras.

Residência e Mobilidade Residencial

No que respeita à residência, importa proceder à análise da distribuição do número de residências identificadas por cada categoria da variável Tipo de Delinquente, assim como à sua geo-referenciação pelas diversas categorias da divisão administrativa do território. Tomaram-se em conta apenas as categorias Concelho e Distrito, e nos casos em que envolvia outros países, tomou-se em consideração as categorias Diferentes países, respeitante às situações em que o indivíduo possuía residência em Portugal e pelo menos uma outra num outro país, e a categoria Estrangeiro, a qual respeita aos casos em que nos registos a residência do sujeito se situava estritamente fora do território nacional.

Nesse sentido, com base nos elementos colhidos referentes às residências identificadas associadas a cada sujeito da amostra, criaram-se duas variáveis, N.º de residências e Mobilidade Residencial. A primeira tem um carácter exclusivamente quantitativo e corresponde ao número de residências constantes nos registos policiais respeitante a cada indivíduo. A segunda revela um carácter mais qualitativo, na medida em que resulta da construção relacional entre categorias da divisão administrativa de pertença das potenciais residências de cada sujeito; nesta última procura-se aferir se o individuo quando muda de residência o faz dentro de determinado âmbito da divisão administrativa do território, e que tipo de mobilidade é que revela.

Quadro 11
Distribuição das frequências da variável Número de Residências pelas categorias que a estruturam

Número de Residências	Frequência	Percentagem
Uma	197	59,9
Duas	80	24,3
Três	28	8,5
Quatro	13	4,0
> Quatro	11	3,3

Quadro 12
Distribuição das frequências da variável Mobilidade Residencial pelas categorias que a estruturam

Mobilidade Residencial	Frequência	Percentagem
Apenas uma residência	185	56,2
Várias mesmo concelho	50	15,2
Diferentes concelhos no mesmo distrito	36	10,9
Diferentes distritos	40	12,2
Diferentes países	7	2,1
Estrangeiro	11	3,3

Tendo-se procedido à avaliação da distribuição das frequências pelas diversas categorias das duas variáveis em causa, através da aplicação do Qui-quadrado, constata-se que a distribuição das frequências pelas categorias correspondentes a cada variável é altamente significativa, existindo por isso diferenças marcantes[55].

Conforme se pode verificar dos quadros supra, em mais de ½ dos registos policiais consultados consta o registo de uma só residência, e em cerca de 2/3 da amostra os indivíduos, mesmo quando mudam de residência, permanecem no mesmo concelho. Tomada a amostra como um todo, apenas 15,8% dos indivíduos residiram em mais que dois locais, e apenas 17,6% da amostra total revelam que quando mudaram de residência o fizeram para além do círculo de um distrito. Mas, quem são os indivíduos que maior mobilidade residencial revelam, e o contrário? A questão equacionada poderá ser desenvolvida se efectuarmos o cruzamento das duas variáveis em análise com a variável Tipo de Delinquente.

Tendo sido efectuados os cruzamentos entre as referidas variáveis, os resultados produzidos revelaram-se altamente significativos.

Quadro 13
Distribuição das frequências da variável Número de Residências pelas categorias da variável Tipo de Delinquente

Tipo Delinquente	Uma Frequência	%	Duas Frequência	%	Três Frequência	%	Quatro Frequência	%	> Quatro Frequência	%
Primário	122	77,7	26	16,6	9	5,7	0	0,0	0	0,0
Ocasional	50	56,8	27	30,7	9	10,2	2	2,3	0	0,0
Reincidente	21	36,8	19	33,3	7	12,3	7	12,3	3	5,3
Crónico	4	14,8	8	29,6	3	11,1	4	14,8	8	29,6

---

[55] Do total da amostra não foi possível colher elementos respeitantes à residência em dois sujeitos.

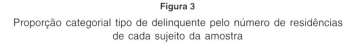

Figura 3
Proporção categorial tipo de delinquente pelo número de residências de cada sujeito da amostra

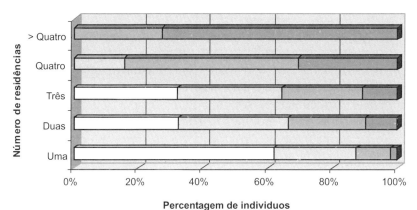

Conforme se pode depreender da expressão gráfica, à medida que se evolui ao longo das categorias da variável Tipo de Delinquente, o número de residências aumenta. Por outras palavras, se tomarmos em linha de conta o comportamento das categorias da variável Número de Residências em cada categoria da variável Tipo de Delinquente, demonstra-se que num dos extremos do gráfico a maioria dos indivíduos pertencentes ao tipo de delinquente *Primário* expressa apenas o registo de uma residência, no outro extremo o tipo de delinquente *Crónico* revela uma percentagem bastante significativa de mais de 4 registos de residências.

Na escala definida pelas categorias da variável Número de Residência, constata-se que enquanto as categorias *Primário* e *Ocasional* da variável Tipo de Delinquente decrescem (não havendo nenhum *Primário* com mais de 3 registos de residência, e nenhum *Ocasional* com mais de 4 registos), nas categorias *Reincidente* e *Crónico* verifica-se uma evolução menos linear. No caso da categoria *Reincidente*, embora 2/3 dos indivíduos não apresentem registos superiores a 2 residências, o grupo remanescente distribui-se ao longo das restantes categorias, chegando a representar 5,3% na categoria superior a 4 residências. A categoria *Crónico,* é aquela que apresenta maior número de registos de residências, havendo cerca de pouco mais de 1/2 do grupo com menos de 3 registos de residência, e a inigualável percentagem de 29,6% de sujeitos pertencentes a essa categoria com registos de residência superior a 4 registos de residência.

Não obstante a evidência de serem as categorias *Crónico* e *Reincidente* aquelas que apresentam maior número relativo de registos de residência, tal facto não revela a abrangência do espectro da mobilidade residencial desses indivíduos. Importa pois, determinar, o espectro da suposta mobilidade residencial dos sujeitos da amostra. Serão as categorias *Crónico* e *Reincidente* aquelas que, para além de registarem maior número de residências, também revelam uma maior expansividade? Dito de outro modo, serão essas categorias, aquelas que no registo do número de residências de pertença a cada indivíduo evidenciam uma maior distância de localização geográfica entre residências pertencentes ao mesmo sujeito?

Quadro 14
Distribuição das frequências da variável Mobilidade Residencial
pelas categorias da variável Tipo de Delinquente

Tipo Delinquente	Apenas uma residência		Várias mesmo concelho		Diferentes concelhos no mesmo distrito	
	Frequências	%	Frequências	%	Frequências	%
Primário	111	70,7	12	7,6	9	5,7
Ocasional	50	56,8	15	17,0	10	11,4
Reincidente	21	36,8	15	26,3	11	19,3
Crónico	3	11,1	8	29,6	6	22,2

Tipo Delinquente	Diferentes distritos		Diferentes países		Estrangeiro	
	Frequências	%	Frequências	%	Frequências	%
Primário	10	6,4	4	2,5	11	7,0
Ocasional	12	13,6	1	1,1	0	0,0
Reincidente	9	15,8	1	1,8	0	0,0
Crónico	9	33,3	1	3,7	0	0,0

Figura 4
Proporção categorial tipo de delinquente pelos diversos graus de mobilidade residencial

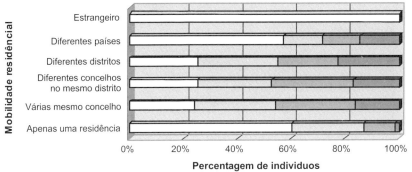

□ Primário □ Ocasional ▣ Reincidente ▣ Crónico

O cruzamento entre as variáveis Tipo de Delinquente e Mobilidade residencial complexifica a questão.

Cerca de 2/3 dos indivíduos pertencentes à categoria *Crónico* e mais de 2/3 daqueles que pertencem às categorias *Reincidente* e *Ocasional* expressam uma mobilidade residencial no máximo Entre concelhos do mesmo distrito. O remanescente dos elementos pertencentes às categorias tipo de delinquente referidas centra-se na categoria entre Diferentes distritos, sendo que o registo de residências no Estrangeiro é muitíssimo inexpressivo.

Neste âmbito, no que respeita às categorias *Ocasional, Reincidente* e *Crónico*, não obstante a similitude, a mesma é apenas aparente, pois é a categoria *Crónico,* por relação às outras duas, aquela que apresenta maior percentagem de indivíduos com grau de mobilidade residencial entre Diferentes distritos. E a categoria *Primário*, que manifestação expressa na relação com as categorias da variável Mobilidade residencial?

A categoria *Primário*, como seria de esperar, atendendo à manifestação do seu comportamento – apenas tem inscrito na *ficha biográfica* 1 registo-crime – quando cruzada com as categorias da variável Número de Residências, é aquela que apresenta a maior percentagem de indivíduos situados apenas num Concelho, condicente com o peso que revelou anteriormente. No entanto, é também aquela que apresenta maior número e percentagem relativa de sujeitos com grau de mobilidade residencial entre Diferentes países e em absoluto no Estrangeiro. Como explicar este facto?

Todos os indivíduos constituintes da amostra que apresentam como registo de residência estritamente o Estrangeiro, e único, pertencem à categoria *Primário*, o que significa que na *ficha biográfica* apenas consta a referência a um crime. Desses apenas um possui nacionalidade portuguesa, tendo registado na sua ficha o cometimento de um crime Contra o património sem recurso a violência. Todos os outros são estrangeiros, sendo que em metade desses o registo-crime que lhes está associado refere-se a crimes de Tráfico de Droga ou Tráfico-Consumo de Droga, e a outra metade a crimes De Falsificação, especificamente uso de documento falso de identificação pessoal.

Atendendo à nacionalidade desses indivíduos, e ao facto que o único registo de residência os situa no estrangeiro, é muito provável que no caso dos primeiros estejamos perante situações de tráfico de droga, na modalidade de correio de droga (indivíduos pagos para transportarem determinada quantidade de produto estupefaciente ou substância psicotrópica), tendo sido interceptados pelas autoridades portuguesas à entrada do nosso país; no caso dos segundos, atendendo a que se trata de uso de documento de identificação falso é extremamente provável que se tratem de situações de imigração ilegal.

O Intervalo entre o 1.º Registo e o Último

As categorias da variável Tipo de Delinquente, enquanto elementos centrais no estudo que empreendemos, são tipologias de trajectórias construídas com base no número de frequências registadas em cada ficha policial dos constituintes da amostra. É um elemento eminentemente quantitativo. A partir dessa lógica sabemos que a categoria *Primário* tem associado apenas um registo, e que as restantes categorias, *Ocasional*, *Reincidente* e *Crónico*, têm associado pelo menos 2, 4 e 9 registos respectivamente. No entanto, para além dessa base quantitativa de registos oficiais de crimes imputados a sujeitos pertencentes teoricamente a essas categorias, importa determinar em que intervalos de tempo decorreram.

Nesse sentido, importa perguntar de que modo as categorias da variável Tipo de Delinquente se comportam no tempo? De que forma as categorias da variável Intervalo entre o 1.º Registo e o Último se distribuem pelas categorias da variável Tipo de Delinquente? É o que de seguida procuraremos descortinar, apresentando o quadro de frequências da variável Intervalo entre o 1.º Registo e o Último. Conforme se pode depreender da designação desta variável, as categorias foram construídas tendo em linha de conta o intervalo de tempo que medeia entre a data de ocorrência do primeiro registo e a data do último registo associado à ficha policial de cada indivíduo.

Quadro 15
Distribuição das frequências da variável Intervalo entre o 1.º Registo
e o Último pelas categorias que a estruturam

Intervalo entre 1.º Registo e o Último	Frequência	Percentagem
Só 1 dia	170	51,5
De 2 dias a 1 semana	2	0,6
De 2 semanas a 1 mês	5	1,5
Entre 1 a 3 meses	8	2,4
Entre 3 a 6 meses	4	1,2
Entre 6 meses a 1 ano	15	4,5
De 1 a 2 anos	20	6,1
De 2 a 4 anos	28	8,5
De 4 a 6 anos	27	8,2
De 6 a 10 anos	35	10,6
De 10 a 15 anos	11	3,3
De 15 a 20 anos	5	1,5

Tendo sido aplicado o teste estatístico Qui-quadrado, constatou-se que a distribuição das frequências pelas categorias da variável é altamente significativa[56], o que quer dizer que entre categorias exis-

---

[56] Há que referir que do total da amostra não foi possível determinar o intervalo de tempo referente à variável em causa, em 1 dos sujeitos.

tem diferenças muito significativas. Efectivamente cerca de ½ da amostra concentra-se na primeira categoria da variável em estudo, declinando abruptamente de seguida e iniciando uma titubeante ascendente da categoria De 2 dias a 1 semana até à categoria De 6 a 10 anos, alcançando nesta um peso de 10,6%, voltando de seguida a uma tendência decrescente até à última categoria designada De 15 a 20 anos.

Mas que significado revela tal distribuição? O significado, uma vez mais, é atribuído pelas categorias da variável Tipo de Delinquente. Para tal, procedeu-se ao cruzamento das referidas variáveis, de modo a perceber de que modo as categorias da variável Intervalo entre o 1.º Registo e o Último se distribuem pelas categorias da variável Tipo de Delinquente.

Importa esclarecer que os resultados que de seguida se expõem enfermam de diversas limitações que este tipo de registos possui. Não é possível determinar a razão do início, nem do fim do intervalo, nem em alguns casos o potencial motivo da não continuidade ou desistência, fosse esse facto motivado por determinados factores de protecção, ou simplesmente do falecimento do individuo. Nesse sentido, os dados apenas podem ser interpretados em função daquilo que representam. Factos fixos no tempo registados por uma instituição oficial de controlo social, supostamente ocorridos num determinado período da vida dos sujeitos, numa linha de continuidade delitiva, intermitente ou pontual.

Quadro 16
Distribuição das frequências da variável Intervalo entre o 1.º Registo e o Último pelas categorias da variável Tipo de delinquente

Tipo Delinquente	Intervalo entre o 1.º. Registo e o Último								
	Só 1 dia		De 2 dias a 1 semana		De 2 semanas a 1mês		Entre 1 a 3 meses	
	Frequências	%	Frequências	%	Frequências	%	Frequências	%
Primário	158	100,0	0	0,0	0	0,0	0	0,0
Ocasional	12	13,6	2	2,3	5	5,7	5	5,7
Reincidente	0	0,0	0	0,0	0	0,0	3	5,3
Crónico	0	0,0	0	0,0	0	0,0	0	0,0

	Intervalo entre o 1.º Registo e o Último							
Tipo Delinquente	Entre 3 a 6 meses		Entre 6 meses a 1 ano		De 1 a 2 anos		De 2 a 4 anos	
	Frequências	%	Frequências	%	Frequências	%	Frequências	%
Primário	0	0,0	0	0,0	0	0,0	0	0,0
Ocasional	4	4,5	8	9,1	15	17,0	15	17,0
Reincidente	0	0,0	6	10,5	5	8,8	11	19,3
Crónico	0	0,0	1	3,7	0	0,0	2	7,4

	Intervalo entre o 1.º. Registo e o Último							
Tipo Delinquente	De 4 a 6 anos		De 6 a 10 anos		De 10 a 15 anos		De 15 a 20 anos	
	Frequências	%	Frequências	%	Frequências	%	Frequências	%
Primário	0	0,0	0	0,0	0	0,0	0	0,0
Ocasional	11	12,5	8	9,1	2	2,3	1	1,1
Reincidente	10	17,5	16	28,1	4	7,0	2	3,5
Crónico	6	22,2	11	40,7	5	18,5	2	7,4

Figura 5
Proporção categorial tipo de delinquente pelos intervalos
de duração da trajectória delinquente

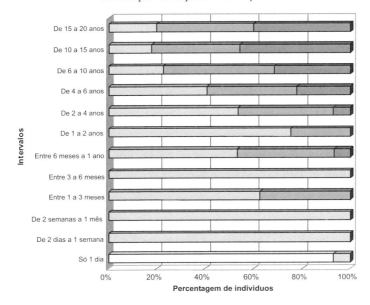

O comportamento dos dados na expressão gráfica é extremamente elucidativo. Como seria de esperar, atendendo às características da categoria *Primário*, todos os indivíduos pertencentes a essa categoria exprimem como duração das suas trajectórias Só 1 dia, coincidente em certa medida com o facto de estarem associados apenas a 1 registo-crime. São trajectórias construídas num brevíssimo intervalo de tempo, consideradas por isso como *pontuais*.

Os sujeitos pertencentes à categoria *Ocasional*, caracterizados por lhes estarem associados pelo menos 2 registos-crime e no máximo 3, revelam um pequena mas expressiva duração das trajectórias situadas na categoria Só 1 dia (13,6%), as quais em termos de duração se poderiam equiparar às trajectórias manifestadas pela categoria *Primário*. A categoria *Ocasional* comporta-se de uma forma bastante peculiar, na medida em que é a única categoria cujos sujeitos se distribuem por todas as categorias da variável Intervalo. Pouco expressiva nos intervalos até à categoria Entre 6 meses e 1 ano, revela uma manifestação mais forte nos períodos De 1 a 2 anos, e De 2 a 4 anos, iniciando uma tendência decrescente, ligeira, no intervalo De 4 a 6 anos, com continuidade na categoria De 6 a 10 anos, para de seguida declinar abruptamente nas seguintes. Facto é que, não obstante ser uma das categorias da variável Tipo de Delinquente com menos frequências associadas à sua estrutura delinquencial, é a única categoria com presença nas diversas, e numerosas, categorias da variável Intervalo entre o 1.º Registo e o Último. Os *Ocasionais* são uma categoria que apresentam trajectórias muito *intermitentes*, e tendencialmente desconcentradas – pouco menos de ½ do total dos sujeitos dessa categoria distribuem os seus 2 a 3 registos-crime que os caracterizam em períodos que se situam entre De 1 ano a 6 anos.

Indubitavelmente, são as categorias *Reincidente* e *Crónico*, aquelas que apresentam trajectórias mais longas no tempo, designando-as por isso de *persistentes*.

Os indivíduos que se inscrevem na categoria *Reincidente*, caracterizam-se por terem associado pelo menos 4 registos-crime e no máximo 8. Até ao período de 1 mês não existe qualquer manifestação. No período De 1 a 3 meses assinalam-se apenas 3 indivíduos, voltando no período seguinte, De 3 a 6 meses, a não caber qualquer frequência, apenas voltando a incluir sujeitos a partir do intervalo De

6 meses a 1 ano, atingindo o seu pico no período compreendido entre De 2 a 10 anos, com cerca de 2/3 dos indivíduos (sendo que 28,1% do total dos indivíduos pertencentes a essa categoria tipo de delinquente distribuem os seus registos no intervalo De 6 a 10 anos) a concentrarem nesse intervalo a ocorrência dos seus registos. Nesse sentido, os *Reincidentes* revelam uma distribuição de registos mais longa no tempo, inscrevendo a manifestação do crime numa dimensão temporal das suas vidas mais dilatada que as categorias anteriores.

O tipo de delinquente *Crónico*, há semelhança do referido para a categoria *Reincidente*, apresentam trajectórias *persistentes* que se prolongam no tempo. A categoria *Crónico* caracteriza-se por estarem associados a cada sujeito pelo menos 9 registos-crime, não ultrapassando no caso da presente amostra mais de 17 registos-crime em qualquer dos seus elementos. É uma categoria que até ao período De 1 a 2 anos, inclusive, praticamente não apresenta frequências (apenas apresenta a inscrição de 1 sujeito no período De 6 meses a 1 ano). Embora no período De 2 a 4 anos apresente alguma expressividade, só a partir do intervalo De 4 a 6 anos adquire peso com bastante significado (22,2%), revelando no período De 6 a 10 anos o seu maior expoente (40,7%), declinando a partir deste período ao longo dos restantes, apresentando sempre percentagens mais elevadas na distribuição de frequências por esses intervalos que as restantes categorias.

A categoria *Crónico* é aquela que expressa trajectórias mais longas, nas quais inscreve e distribui os seus numerosos registos-crime. Revela um processo delitivo urdido em intervalos de tempo bastante dilatados, nos quais em cerca de 2/3 dos casos se podem prolongar entre 6 e 15 anos, e em 81,4% das situações verificadas atingem no máximo um intervalo compreendido entre 4 e 15 anos. As manifestações da categoria *Crónico*, na sua estrutura e no tempo, demonstram uma significativa persistência delitiva, não só em termos quantitativos, mas também no modo como revela a expressividade do crime nos diversos intervalos temporais considerados. Consideramos que do total das categorias da variável Tipo de Delinquente é a categoria que apresenta trajectórias mais *persistentes* e *duradouras*, em razão do número de registos-crime associados, assim como da duração dos períodos temporais em que inscreve os seus registos.

A Mobilidade Criminal

A manifestação de uma determinada trajectória criminal implica a enunciação de certo número de registos-crime expressos na linha do tempo. Todavia os registos que nos servem de matéria-prima foram factos que ocorreram no plano de determinado espaço. As trajectórias adquirem sentido no tempo e no espaço em que acontecem. Não é só e apenas a sequência delitiva, tema ao qual voltaremos mais adiante, que concentra em si elevado significado do tipo de trajectória a definir. Os lugares onde o indivíduo vai concretizando o seu processo delitivo são também de extremo significado. Denominamos a esse processo Mobilidade Criminal. É ao fim e ao cabo a geo-referenciação do grau de variabilidade espacial da trajectória do indivíduo. Se comete todos os crimes no mesmo espaço, ou se a uns se sucedem outros, contíguos no espaço ou longínquos.

Recorremos às categorias subjacentes à divisão administrativa do território nacional, assim como à dimensão país, para construirmos a variável Mobilidade Criminal. Foi elaborada com base nos locais registados onde cada sujeito supostamente cometeu os diversos crimes a que se encontra associado. Desse modo, a variável em causa tem como referência a unidade indivíduo, e não a unidade crime ou registo, pois estes últimos serviram para determinar se os diversos lugares associados a cada individuo, em razão do número de registos imputados a cada sujeito, coincidem ou se de algum

Quadro 17
Distribuição das frequências da variável Mobilidade Criminal
pelas categorias que a estruturam

Mobilidade criminal	Frequência	Percentagem
Um crime em vários concelhos ou distritos	10	4,2
Um crime nos limites do mesmo concelho	98	41,4
Vários crimes no mesmo concelho	47	19,8
Vários crimes em diferentes concelhos do mesmo distrito	39	16,5
Vários crimes em diferentes distritos	34	14,3
Vários crimes em diferentes países	4	1,7
Um crime em vários países	5	2,1

modo divergem, na relação com a ordem das categorias territoriais referidas. Há que salientar que em 28,4% dos indivíduos do total da amostra não foi possível determinar a categoria de mobilidade criminal devido à falta de elementos referentes aos locais onde terão ocorrido os crimes que lhes estão associados. Não obstante alguma falta de elementos, a aplicação do teste do Qui-quadrado demonstrou que a distribuição das frequências pelas diversas categorias da variável Mobilidade Criminal é altamente significativa.

Conforme se depreende do quadro, há que dividir a análise em dois segmentos: as situações que se reportam apenas ao cometimento de um crime, e as outras que se reportam ao cometimento de mais que um crime. As primeiras maioritariamente restringem-se ao nível de um único concelho, sendo que só residualmente é que a perpetração do delito se arrastou por vários locais, mais ao longo de vários concelhos ou distritos, e menos em vários países. As segundas expressam-se de forma mais diversificada e significativa ao longo de quase todas as categorias, não obstante 1/3 desse universo – Vários crimes – se tenha manifestado ao nível de um único concelho. Os restantes distribuem-se: outros 1/3 ocorreram em diferentes concelhos pertencentes ao mesmo distrito, a um nível muito próximo dos anteriores, e o remanescente 1/3 ocorreram maioritariamente em diferentes distritos, e de forma minoritária em diferentes países.

Não obstante a diversidade de enunciações, do total daqueles que foi possível determinar a mobilidade criminal, uma elevada percentagem de indivíduos (61,2%) circunscreve a sua trajectória criminal ao nível de um único concelho. Mas, a quem podemos imputar estas categorias de mobilidade? De que forma se distinguem? Regressamos ao domínio da atribuição de sentido da variabilidade das diversas categorias da variável Mobilidade Criminal. Reportamo-nos à distribuição das frequências das diversas categorias dessa variável pelas categorias da variável Tipo de Delinquente. De que modo se distribuem? Que sentido delineiam?

Procedeu-se assim ao cruzamento entre as referidas variáveis, assim como à aplicação do teste estatístico Qui-quadrado, tendo o resultado dessa aplicação expresso um nível de significância bastante elevado. Verifiquemos então o tipo de distribuição das diversas categorias da variável Mobilidade Criminal pelas categorias *Primário*, *Ocasional*, *Reincidente* e *Crónico*.

Quadro 18
Distribuição das frequências da variável Mobilidade Criminal pelas categorias da variável Tipo de Delinquente

Tipo Delinquente	Mobilidade Criminal					
	Um crime em vários concelhos ou distritos		Um crime nos limites do mesmo concelho		Vários crimes no mesmo concelho	
	Frequências	%	Frequências	%	Frequências	%
Primário	10	8,8	98	86,7	0	0,0
Ocasional	0	0,0	0	0,0	29	51,8
Reincidente	0	0,0	0	0,0	12	27,3
Crónico	0	0,0	0	0,0	6	25,0

Tipo Delinquente	Mobilidade Criminal			
	Vários crimes em diferentes concelhos do mesmo distrito		Vários crimes em diferentes distritos	
	Frequências	%	Frequências	%
Primário	0	0,0	0	0,0
Ocasional	18	32,1	9	16,1
Reincidente	14	31,8	16	36,4
Crónico	7	29,2	9	37,5

Tipo Delinquente	Mobilidade Criminal			
	Vários crimes em diferentes países		Um crime em vários países	
	Frequências	%	Frequências	%
Primário	0	0,0	5	4,4
Ocasional	0	0,0	0	0,0
Reincidente	2	4,5	0	0,0
Crónico	2	8,3	0	0,0

Conforme se pode verificar, existem várias categorias da variável Tipo de Delinquente que não encontram qualquer correspondência em determinadas categorias da variável Mobilidade Criminal. As categorias respeitantes a mobilidade que fazem referência apenas a um registo-crime, não têm qualquer expressão nas categorias *Ocasional*, *Reincidente*, e *Crónico*, pois todas elas possuem um traço em comum contrário à existência de apenas um registo. Todas elas têm associado à sua nomenclatura constitutiva a existência de mais que um registo-crime.

Nesse sentido, apenas a categoria *Primário* preenche os requisitos das categorias que fazem menção apenas um registo, sendo que no que respeita às outras categorias da variável Mobilidade Criminal que fazem menção a mais que um crime, apenas encontram correspondência distributiva, pela razão inversa à exposta, nas outras categorias da variável Tipo de Delinquente.

Julgamos que seria pertinente desenvolvermos a análise a partir dessa diferença. Desse modo, procedemos num primeiro momento à interpretação da distribuição das várias categorias da variável Mobilidade Criminal pela categoria *Primário*. E num segundo momento à interpretação da mesma distribuição mas pelas categorias *Ocasional*, *Reincidente* e *Crónico*.

Figura 6
Relação percentual dos vários graus de mobilidade criminal pela categoria *Primário*

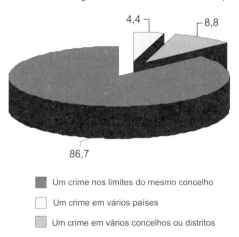

■ Um crime nos limites do mesmo concelho
□ Um crime em vários países
▨ Um crime em vários concelhos ou distritos

A larga maioria dos indivíduos com categoria de pertença *Primário*, revelam uma mobilidade criminal muito reduzida (86,7%), ao nível de Um crime nos limites do mesmo concelho. Tal facto não manifesta qualquer revelação extraordinária, na medida em que a característica de base da categoria *Primário* é a existência de apenas um registo. Só numa reduzida percentagem, remanescente, de situações é que o cometimento do único crime se estende a outros espaços, nomeadamente e por peso decrescente percentual: Um crime em vários concelhos ou distritos e Um crime em vários países. A existência de frequências da categoria *Primário* nestas duas últimas categorias de mobilidade revela que os registos em causa se reportam à manifestação de tipos de crime provavelmente na forma de *crime continuado*[57], ou *crime permanente*[58], maioritariamente com referência ao Tráfico de estupefacientes e substâncias psicotrópicas, e com menor expressão, a crimes De Falsificação. Este tipo de mobilidade criminal, corresponde em parte ao referido nos casos de mobilidade residencial respeitante a estrangeiros.

Figura 7
Relação percentual dos vários graus de mobilidade criminal pelas categorias
Ocasional, Reincidente e *Crónico*

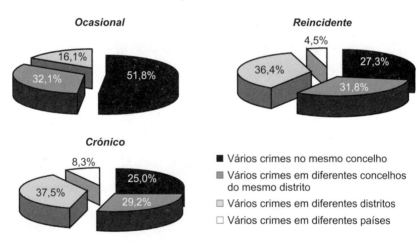

---

[57] A forma do *crime continuado* reveste-se de alguma especificidade, pois diminui consideravelmente a culpa do agente. Juridicamente o indivíduo goza de um quadro de impunidade por nunca ter sido sujeito a qualquer reacção do sistema de justiça. Para que determinada sequência de comportamentos possa ser definida como *crime continuado* têm que estar preenchidos os seguintes pressupostos: realização plúrima do mesmo ou vários crimes (inscritos no mesmo bem jurídico); executado de forma homogénea; num quadro de solicitação exterior (agir num quadro quase que de impunidade, porque nunca foi apanhado).

[58] *Crime permanente* traduz-se pelo facto de natureza criminal que se prologa no tempo, ex: sequestro; posse de estupefacientes; posse de uma arma.

Ao nos centrarmos na interpretação dos dados referente às categorias *Ocasional, Reincidente* e *Crónico*, verificamos que o nível percentual da mobilidade criminal de cada uma dessas categorias aumenta em razão do seu envolvimento crescente com o crime, e diminuiu na razão inversa. Nesse sentido, cerca de ½ dos indivíduos pertencentes à categoria *Ocasional* tendem a manifestar uma mobilidade criminal ao nível da categoria Vários crimes no mesmo concelho, enquanto que a esse nível de mobilidade os *Reincidentes* e os *Crónicos* apenas assentam cerca de ¼ dos elementos dos seus grupos. A partir deste nível de mobilidade circunscrita aos limites de um só concelho, a categoria *Ocasional* tende a diminuir a sua representatividade pelas restantes categorias de mobilidade criminal, sendo que nos registos policiais que lhes respeitam nunca chega a constar qualquer referência a espaços fora do território nacional. Cerca de 1/3 desse grupo expressa registos inscritos na categoria Vários crimes em diferentes concelhos do mesmo distrito, e o remanescente revela uma mobilidade ao nível da categoria Vários crimes em diferentes distritos.

Ao contrário da categoria *Ocasional*, as categorias *Reincidente* e *Crónico* manifestam uma tendência crescente de representatividade à medida que evoluem na mobilidade criminal, de Vários crimes no mesmo concelho a Vários crimes em diferentes distritos, assumindo nesta última categoria o maior peso relativo representativo de cada um dos dois grupos referidos. Apenas uma pequena percentagem relativa à dimensão de cada um dos grupos, com maior incidência na categoria *Crónico*, é que apresenta uma mobilidade criminal ao nível da categoria Vários crimes em diferentes países (categoria essa que inclui sempre o território nacional).

A Privação da Liberdade

O crime pressupõe um sistema de penas. Já foi referido que no sistema penal da Justiça portuguesa, o conceito de crime é definido como sendo «o conjunto de pressupostos de que depende a aplicação ao agente de uma pena ou de uma medida de segurança criminais»[59].

---

[59] Alínea a) do n.º 1 do Artigo 1.º do Decreto-Lei n.º 78/87, de 17 de Janeiro, vulgo Código de Processo Penal.

A qualificação de um comportamento como crime é sustentada pela previsão de uma reacção jurídica legitimada pela comunidade através do estado sociopolítico e dominante que estabelece as regras do aceitável e do reprovável. O cometimento de uma infracção de tipo criminal despoleta uma reacção penal, reprovadora e reparadora da transgressão. A reacção substancia-se mediante a instauração de um processo que visa averiguar se houve crime, quem o cometeu, e que provas existem que conduzam à imputação do facto ao agente que o cometeu. Denomina-se de processo-crime. A condução do processo--crime visa a recolha de elementos que reproduzam o sentido da acção criminosa, de modo a que essa possa ser avaliada, e o indivíduo em causa julgado.

Sem embargo do instituto jurídico do recurso, o sistema de Justiça Criminal português, em traços gerais, encontra-se estruturado em três grandes fases: Inquérito, Instrução e Julgamento.

A fase de Inquérito diz respeito à fase de investigação criminal, na qual se procura dar resposta à questão composta: *quem fez o quê, onde, quando, como e porquê*. Recorrendo à letra da lei «o inquérito compreende o conjunto de diligências que visam investigar a existência de um crime, determinar os seus agentes e a responsabilidade deles e descobrir e recolher as provas, em ordem à decisão sobre a acusação»[60]. A fase de Inquérito culmina, ora com uma decisão de Acusação – na qual determinado individuo se encontra indiciado (acusado) de ter participado na realização do facto criminoso – ora com uma decisão de Arquivamento – caso em que os elementos de prova coligidos são insuficientes para indiciar alguém pela prática dos factos investigados.

A Instrução é uma fase intermédia entre o Inquérito e o Julgamento, e substancia-se na revisão da decisão produzida na fase final do Inquérito. A lei refere que «a instrução visa a comprovação judicial da decisão de deduzir acusação ou de arquivar o inquérito em ordem a submeter ou não a causa a julgamento»[61]. É na sua essência facultativa. Dito de outro modo, se determinados sujeitos intervenien-

---

[60] N.º 1 do Artigo 262.º do Decreto-Lei n.º 78/87, de 17 de Janeiro, vulgo Código de Processo Penal.

[61] N.º 1 do Artigo 286.º do Decreto-Lei n.º 78/87, de 17 de Janeiro, vulgo Código de Processo Penal.

tes no processo não requererem a abertura dessa fase, o processo--crime ora fica encerrado, caso a decisão produzida tenha sido o Arquivamento, ora transita directamente para a fase de Julgamento, caso a decisão tenha sido a Acusação. Quando requerida, a fase de Instrução culmina com a lavra de decisão instrutória ora de Despacho de Pronúncia – significa que foram colhidos indícios suficientes para levar a cabo a fase de Julgamento – ora com Despacho de Não Pronúncia – revelador da insuficiência desses indícios.

No caso de se confirmarem os indícios da prática de crime imputados a determinado agente, o processo-crime culmina com a fase de Julgamento, espaço jurídico privilegiado e solene, no qual com base no princípio do contraditório, se reproduzem os elementos que sustentam a Acusação e a Defesa do indivíduo-arguido. Grosso modo, esta fase termina com a elaboração e leitura da Decisão de Sentença, ora no sentido da Condenação – provando-se por isso a globalidade ou parte dos factos imputados aos indiciados – ora no sentido da Absolvição – não se provando os factos imputados.

Conforme expusemos, o processo-crime enquanto substância dos registos que aqui tratamos, é constituído pelas fases referidas, no decurso das quais são proferidos vários tipos de decisões com vista ao bom andamento do processo, e em última análise, ao leal apuramento da verdade.

Uma das variadíssimas decisões que por vezes se entende necessário tomar, é a privação da liberdade do suspeito. Na fase de Inquérito é frequente procederem-se a detenções, seja no âmbito do flagrante delito, ou fora de flagrante delito[62], assim como a aplicação do que juridicamente se designa prisão preventiva[63].

A privação da liberdade por prisão decidida em sentença condenatória circunscreve-se à fase final do Julgamento, vulgarmente designada por cumprimento de pena de prisão[64], e significa que a

---

[62] Para um melhor entendimento destes conceitos jurídicos, consultar o Capítulo III, Título I, Livro VI da Parte II do Código de Processo Penal.

[63] A prisão preventiva é uma medida de coacção cuja aplicação está sujeita ao preenchimento de determinados pressupostos previstos na lei de processo penal. Para um melhor esclarecimento do conceito aconselha-se a consulta do Capitulo I, Título II, Livro IV, da Parte I do Código de Processo Penal.

[64] Para um melhor esclarecimento dos conceitos jurídicos da decisão condenatória ou absolutória, aconselhamos a consulta do Titulo III, Livro VII, da Parte II do Código de Processo Penal.

prova se concretizou imputando a culpa da perpetração dos factos a determinado agente.

Alguns dos indivíduos da amostra em estudo, no decurso das suas trajectórias delinquentes foram sujeitos a algumas dessas formas de privação da liberdade. Desse modo, a partir do registo da ocorrência de situações definidas nos limites dos conceitos referidos, construiu-se uma variável designada de Entradas no Sistema Prisional. Esta denominação prende-se com o facto de nas situações em que ocorre uma detenção em flagrante delito, assim como nos casos de detenção fora de flagrante delito, o indivíduo é em regra apresentado ao Juiz de Instrução Criminal no dia seguinte à efectivação da detenção, sendo frequente a pernoita numa das instalações da Direcção Geral dos Serviços Prisionais. As categorias da variável foram estruturadas em função do número de privações da liberdade que os indivíduos apresentavam nos seus registos. Desse modo, do universo de 331 indivíduos da amostra, 31,7% apresentavam pelo menos um registo de privação da liberdade, pelo que se conclui que na maioria dos registos[65] não consta que as trajectórias desses sujeitos fossem atravessadas pela experiência de restrição da liberdade pessoal.

Quadro 19
Distribuição das frequências da variável Entrada no Sistema Prisional pelas categorias que a estruturam

Entrada no Sistema Prisional	Frequência	Percentagem
Uma	71	67,6
Duas	24	22,8
Três	4	3,8
Mais de três	6	5,7

Não obstante a dimensão da percentagem de indivíduos que apresentam nos seus registos experiências de privação da liberdade, a aplicação do teste Qui-quadrado à distribuição das frequências

---

[65] Do total dos registos individuais da amostra, em 68,3% dos casos não consta qualquer experiência de privação da liberdade, o que significa que de um total de 331 indivíduos apenas existem registos de privação da liberdade em 105 indivíduos, havendo 226 casos em que nada consta.

pelas diversas categorias da variável Entrada no Sistema Prisional revela que entre as diversas categorias da variável em estudo existem diferenças altamente significativas.

Ao nos centrarmos na sub dimensão daqueles que expressam pelo menos uma experiência de privação da liberdade, constatamos que a larga maioria desse grupo, 2/3, no decurso das suas trajectórias criminais apenas foram sujeitos a uma situação de privação, sendo que se alargarmos a selecção para as situações em que no máximo os indivíduos experienciaram duas situações privativas da liberdade, a dimensão do grupo aumenta para 89,7%. Nesse sentido, a percentagem de indivíduos que sofreram mais que duas privações, representam no âmbito da sub dimensão considerada 9,5%. Se considerarmos como referência o universo total da amostra, os indivíduos que experimentaram mais que uma restrição da liberdade não representam mais que 10,3% do total.

Tendo estabelecido a quantificação do número de indivíduos, do universo da amostra, que encontram inscrito nos seus registos policiais situações de restrição da liberdade mediante a aplicação da detenção, prisão preventiva, ou cumprimento de pena de prisão, importa indagar de que modo as diversas categorias da variável Entrada no Sistema Prisional, se distribuem pelas categorias da variável Tipo de Delinquente.

Procedeu-se ao cruzamento das categorias da variável Entrada no Sistema Prisional com as categorias da variável Tipo de Delinquente, sendo que o nível de significância resultante do cruzamento entre as referidas variáveis aponta para que existem diferenças alta-

Quadro 20
Distribuição das frequências da variável Entrada no Sistema Prisional pelas categorias da variável Tipo de Delinquente

| Tipo Delinquente | Entrada no Sistema Prisional ||||||||
| | Uma || Duas || Três || Mais de três ||
	Frequências	%	Frequências	%	Frequências	%	Frequências	%
Primário	21	100,0	0	0,0	0	0,0	0	0,0
Ocasional	25	83,3	5	16,7	0	0,0	0	0,0
Reincidente	19	55,9	11	32,4	3	8,8	1	2,9
Crónico	6	30,0	8	40,0	1	5,0	5	25,0

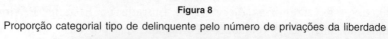

Figura 8
Proporção categorial tipo de delinquente pelo número de privações da liberdade

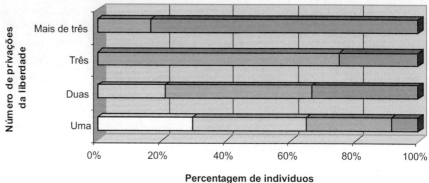

mente significativas na distribuição das frequências pelas diversas categorias, revelador da pertinência da relação estabelecida entre ambas.

Antes de iniciamos a interpretação dos dados resultantes do cruzamento das variáveis em causa, importa quantificar a percentagem de indivíduos que apresentam registos de privação da liberdade relativamente às sub-amostras de pertença correspondentes a cada categoria da variável Tipo de Delinquente. Em suma, do total de indivíduos pertencentes às categorias *Primário*, *Ocasional*, *Reincidente* e *Crónico*, quantos é que apresentam pelo menos um registo de privação da liberdade?

Uma vez mais, a lógica da ordem estabelecida para a criação da variável Tipo de Delinquente encontra correspondência com a ordem percentual que as categorias dessa variável apresentam relativamente à situação de privação. Assim, no âmbito das sub-amostras *Primário*, *Ocasional*, *Reincidente* e *Crónico*, os indivíduos pertencentes a esses grupos que apresentam situações de restrição da liberdade, representam respectivamente: 13,3%; 33,7%; 59,7%; e 74,1%, dos respectivos totais apresentados por cada grupo[66]. As categorias *Rein-*

---

[66] Há que fazer constar que os indivíduos do total da amostra se distribuem pelas categorias *Primário*, *Ocasional*, *Reincidente*, e *Crónico*, respectivamente: 158; 89; 57; e 27.

cidente e *Crónico* são aquelas em que maior percentagem de indivíduos foram sujeitos a situações de privação da liberdade.

No que respeita ao cruzamento das referidas variáveis – Entrada no Sistema Prisional e Tipo de Delinquente – constata-se que os registos de restrição pertencentes à categoria *Primário* se concentram totalmente na categoria Uma privação, o que em certa medida é em absoluto condicente com a condição dessa categoria Tipo de Delinquente; do total da categoria *Primário* 13,3% dos casos foram, no mínimo, detidos pela prática da única infracção penal que lhes foi imputada. Também no que se refere aos indivíduos que se enquadram na categoria *Ocasional*, a maioria dos que sofreram situações de privação da liberdade concentram-se na referida categoria da variável Entrada no Sistema Prisional associada à categoria *Primário*.

As categorias da variável Tipo de Delinquente que mais vezes experimentaram situações de privação da liberdade são indubitavelmente as categorias *Reincidente* e *Crónico*. Em ambas as categorias, a percentagem daqueles que foram sujeitos a situações restritivas da liberdade, ascendem a mais de metade dos respectivos grupos, sendo que no caso da categoria *Crónico* a percentagem chega à dimensão de ¾ do total do grupo. Os *Reincidentes* concentram a maioria das suas frequências até à categoria Duas privações (88,3%), enquanto que os *Crónicos* apenas concentram nesse limite 70,0% das frequências, o que em parte significa que é esta categoria que maior expressão apresenta nas categorias de privação da liberdade de maior significado quantitativo. Cerca de 1/3 dos *Crónicos* apresentam restrições a partir da ordem da categoria Três privações, inclusive, e ¼ registam privações na ordem da categoria Mais de três privações.

Prisão Efectiva

Da análise precedente depreende-se que a lógica transgressiva é frequentemente atravessada por situações de privação da liberdade. Conforme demonstrámos, 31,7% dos casos, os indivíduos viveram experiências, ora de detenção, ora de prisão preventiva, ora de condenação com pena de prisão efectiva. No entanto, quantos foram sujeitos ao cumprimento de uma pena de prisão efectiva resultante de uma condenação?

No decurso da recolha de dados, a Matriz – *Privação da Liberdade* continha uma variável de recolha de elementos correspondente ao Crime na Condenação. Com base nos elementos que essa variável possibilitou coligir criou-se uma outra a que denominámos de Prisão Efectiva. Como estrutura categorial a integrar essa variável adequou-se na íntegra a estrutura da variável precedente.

Procedeu-se à aferição do nível de significância da distribuição das frequências pelas diversas categorias da variável Prisão Efectiva, sendo que o resultado do teste estatístico Qui-quadrado aponta para diferenças altamente significativas.

Quadro 21
Distribuição das frequências da variável Prisão Efectiva
pelas categorias que a estruturam

Prisão Efectiva	Frequência	Percentagem
Uma	37	74,0
Duas	7	14,0
Três	3	6,0
Mais de três	3	6,0

Parece-nos relevante referir que a correspondência entre os sujeitos da sub-amostra de indivíduos que experienciaram privações de liberdade – detenção, prisão preventiva, e cumprimento de pena de prisão – e aqueles que se incluem na variável Prisão Efectiva, é aparentemente real, na medida em que só os casos em que os indivíduos foram sujeitos ao cumprimento de pena de prisão, nunca tendo sido detidos ou presos preventivamente nas fases precedentes ao Julgamento, foram considerados para esta última variável. Dito de outro modo, todos os indivíduos considerados na variável Prisão Efectiva foram de algum modo considerados numa das categorias da variável anterior, o mesmo não acontecendo com todos os indivíduos inclusos na variável Privação da Liberdade, os quais apenas têm correspondência na variável em estudo se foram sujeitos a situação de cumprimento de pena de prisão.

Há que referir que a dimensão do número de registos referentes a cumprimento de pena de prisão – 50 casos – representam 15,1% do total da amostra, e 47,6% do total da sub-amostra de indivíduos que foram sujeitos pelo menos a uma situação de privação da liberdade.

Da interpretação do quadro precedente, constata-se que cerca de ¾ dos indivíduos que foram sujeitos a situações de cumprimento de pena de prisão, apenas o foram uma vez, tendo os restantes

Quadro 22
Distribuição das frequências da variável Prisão Efectiva pelas categorias da variável Tipo de Delinquente

| | Prisão Efectiva ||||||||
| Tipo Delinquente | Uma || Duas || Três || Mais de três ||
	Frequências	%	Frequências	%	Frequências	%	Frequências	%
Primário	9	100,0	0	0,0	0	0,0	0	0,0
Ocasional	14	87,5	2	12,5	0	0,0	0	0,0
Reincidente	10	71,4	3	21,4	1	7,1	0	0,0
Crónico	4	36,4	2	18,2	2	18,2	3	27,3

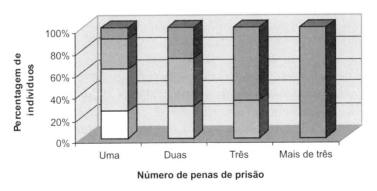

Figura 9
Proporção categorial tipo de delinquente pelo número de penas de prisão

repetido pelo menos mais uma vez a situação de cumprimento de pena de prisão. Estes últimos no contexto total da amostra em estudo representam 3,9%. Mas, como se distribuem pelas categorias da variável central Tipo de Delinquente?

O resultado da aplicação do teste Qui-quadrado ao cruzamento entre as variáveis Tipo de Delinquente e Prisão Efectiva comprovou que a distribuição das frequências nas categorias Prisão Efectiva pelas categorias *Primário, Ocasional, Reincidente* e *Crónico*, é pouco significativa. Todavia, parece-nos que em termos de qualificação dos grupos, existem diferenças, que de algum modo a variável Prisão Efectiva também reflecte.

Conforme se pode depreender do quadro e respectiva expressão gráfica, os indivíduos pertencentes à categoria *Primário* que cumpriram pena de prisão, são os menos numerosos, seja no contexto da dimensão da sua categoria como um todo, seja no contexto dos subgrupos referentes à distribuição de frequências pela variável Prisão Efectiva. Se nos reportamos a uma relação percentual, com referência à dimensão de cada categoria da variável Tipo de Delinquente, constatamos que os indivíduos que viveram pelo menos uma experiência de reclusão por cumprimento de pena de prisão, nas categorias *Primário, Ocasional, Reincidente* e *Crónico* representam respectivamente: 5,7%; 18,0%; 24,6%; e 40,7%.

Se tivermos em conta aqueles que voltaram a reincidir na mesma experiência, ou seja que regressaram ao sistema prisional para cumprir outra pena de prisão, os indivíduos pertencentes às categorias *Ocasional* e *Reincidente* apresentam percentagens diminutas, respectivamente 2,2% e 7,0%, todavia se nos determos na dimensão da categoria *Crónico*, cerca de ¼ do total dos sujeitos da categoria experimentaram pelo menos uma segunda experiência, sendo que o quadro se agudiza, na medida em que alguns indivíduos da categoria *Crónico* apresentam um número de condenações superiores a três, representando na totalidade dessa categoria uma percentagem de 11,1%.

Capítulo VII

As trajectórias criminais na Generalidade

Antes de iniciarmos a exposição analítica das trajectórias criminais, importa tecermos algumas considerações acerca dos limites da interpretação dos dados, assim como efectuarmos uma sumária exposição situacional de cada categoria da variável Tipo de Delinquente.

Pela natureza dos dados em estudo a construção das trajectórias criminais que enunciaremos é independente da explicação decisional e do próprio sentido que os sujeitos poderiam reportar às suas acções. Todavia, o conhecimento de determinados dados do passado e do presente, permitir-nos-ão esboçar uma sequência, uma tendência de evolução, um processo.

Nesse sentido, quando determinada sequência é constituída por mais de dois registos-crime situados no tempo, é possível equacionar a probabilidade da sua evolução, não no sentido de uma relação determinística, mas tão-somente em razão de uma tendência probabilística. Se determinada sequência de dados for estatisticamente significativa, e precedente a certo dado, é possível enunciar uma tendência. Dito de outro modo, a partir de determinada condição de possibilidade, é possível construir modelos de trajectórias criminais e probabilidades preditivas de evolução, assim como tecer algumas considerações interpretativas dessas sequências delitivas.

Facto que nos parece de extrema relevância assenta na caracterização da amostra. Conforme referimos, as variáveis colhidas – Relação Conjugal, Naturalidade, Nacionalidade, Sinalética, Habilitações Literárias e Grupo Profissional – com o intento de caracterizar cada uma das categorias centrais em análise, *Primário, Ocasional,*

Reincidente e *Crónico* – revelaram-se pouco frutíferas, no sentido de se enunciar características distintivas de cada categoria tipo de delinquente.

Efectivamente a aplicação do Qui-quadrado ao cruzamento entre as variáveis com potencial caracterizador e as categorias da variável Tipo de Delinquente, revelaram-se pouco ou nada significativas. As diferentes categorias das variáveis dependentes distribuem--se de forma tendencialmente homogénea pelas categorias da variável independente, não demonstrando grandes diferenças entre grupos de delinquentes.

Não obstante a impossibilidade de distinguir sócio-culturalmente as diversas categorias tipo de delinquente, foi possível traçar uma caracterização geral dos indivíduos constituintes da amostra. Tanto a Naturalidade como a Nacionalidade não revelam grandes diferenças entre os grupos. Tendo como referência a estruturação do território em NUTS, cerca de ¾ dos sujeitos são naturais das zonas de Lisboa, Centro e Norte, havendo pouco mais de 12% de indivíduos com naturalidade estrangeira, sendo que desses a larga maioria pertence a países que mantêm com Portugal laços estreitos fundados na história.

Ao nível da nacionalidade, a larga maioria dos indivíduos são Portugueses, sendo que no que respeita aos estrangeiros, as condições de pertença e o peso percentual que assumem é muito próximo do referido para a naturalidade.

Facto deveras importante foi a demonstração do comportamento da variável Sinalética, até pelo facto de muitas das vezes ao se abordarem este tipo de variáveis, potenciam-se interpretações enviesadas e susceptíveis de conterem uma carga racial negativa. A Sinalética imutável, através da cor da pele, ou da pertença étnica, revelou-se não deter qualquer potencial explicativo e por isso diferenciador entre as categorias da variável Tipo de Delinquente.

No que concerne às habilitações literárias e ao grupo profissional de pertença, de uma forma em geral, os indivíduos da amostra são pouco escolarizados, e profissionalmente pouco qualificados.

A pouca diferenciação ao nível da caracterização sócio-cultural entre as categorias *Primário, Ocasional, Reincidente* e *Crónico*, contrasta com a forte diferenciação que as variáveis de caracterização da evolução do comportamento criminogeneo – A Idade ao Primeiro

Registo, Mobilidade Residencial, Intervalo entre o 1.º Registo e o Último, Mobilidade Criminal, Privação da Liberdade, e Prisão Efectiva – revelam entre os grupos referidos. A estruturação das categorias tipo de delinquente com base no número de registos associados a cada sujeito, demonstraram que entre categorias existem diferenças altamente significativas capazes de distinção.

Em regra, a idade dos indivíduos aquando do primeiro registo é inversamente proporcional ao número de registos associados à estruturação das categorias da variável Tipo de Delinquente, registando--se nas categorias *Reincidente* e *Crónico* proporcionalmente à dimensão dos seus grupos de pertença, a maior precocidade na relação entre idade do indivíduo e ano do primeiro registo.

Também no que respeita à mobilidade residencial e criminal, as categorias *Reincidente* e *Crónico* revelam os espectros mais alargados de mobilidade tanto residencial como criminal, com excepção para alguns indivíduos pertencentes à categoria *Primário*, que por serem estrangeiros, e terem associado registos de prática de crimes de tráfico de droga, e falsificação de documentos (essencialmente o uso), a mobilidade em ambas as situações se situa ao nível de vários países.

Referente ao intervalo entre o 1.º registo e o último, indicador do potencial período de duração da trajectória criminal, verifica-se também uma nítida clivagem compreendendo as categorias *Primário* e *Ocasional*, e as categorias *Reincidente* e *Crónico*. Estas últimas apresentam intervalos de duração das trajectórias mais longos que as primeiras, destacando-se pela longevidade a categoria *Crónico*.

No que concerne às experiências relativas à privação da liberdade, e especificamente no cumprimento de pena de prisão, a tendência mantém-se, todavia neste domínio a variação da evolução entre as categorias das variáveis referidas e as categorias da variável Tipo de Delinquente, manifestam-se numa lógica crescente e proporcional à estruturação das categorias tipo de delinquente; em termos proporcionais relativos à dimensão de cada categoria, a categoria *Primário* é a que apresenta menor percentagem de indivíduos com experiências vividas nas diversas formas de privação da liberdade, e de reclusão, assumindo essas formas de modo gradual e crescente maior representatividade percentual pela ordem de registos associados a cada categoria tipo de delinquente, sendo que por essa lógica a categoria *Crónico* é a que manifesta a maior percentagem de indivíduos que já experimentaram esses estados de privação da liberdade.

Atendendo à manifestação das variáveis referidas, comprova-se que o envolvimento no crime das diversas categorias da variável Tipo de Delinquente, não se resume ao número de registos associados a cada categoria estruturante da sua própria formação. As trajectórias criminais dos indivíduos pertencentes às categorias *Primário, Ocasional, Reincidente* e *Crónico*, diferenciam-se pela idade dos sujeitos aquando do primeiro registo, na mobilidade geográfica revelada nas suas existências seja ao nível residencial como criminal, no tipo de reacção do sistema privando-os da liberdade, e na duração das suas trajectórias. Mas em que sentido? Que sequências delitivas é que expressam? Será que também aí se diferenciam, ou as marcas distintivas restringem-se às diferenças nas variáveis referidas?

Conforme referimos no início da análise dos elementos empíricos, os sujeitos da amostra distribuem-se de modo desigual pelas quatro categorias designadas de tipos de delinquentes (*Primário, Ocasional, Reincidente* e *Crónico*), sendo que aqueles a quem foi identificado a associação a apenas um registo-crime correspondem a cerca de metade do total da amostra (47,7% correspondendo a 158 indivíduos, pertencentes à categoria *Primário*), os que foram organizados com base na existência de dois a três registos contêm o peso de pouco mais de ¼ (26,9% correspondendo a 89 indivíduos, pertencentes à categoria *Ocasional*), naqueles em que constam pelo menos quatro registos e no máximo oito registos-crime revelam uma relevância percentual na ordem dos 17,2% (corresponde a 57 indivíduos, pertencentes à categoria *Reincidente*), por fim apenas uma minoria possui nas suas fichas policiais registos-crime superiores a oito registos representando 8,2% do total da amostra (corresponde a 27 indivíduos, pertencente à categoria *Crónico*).

Atendendo a que a dimensão da amostra, por relação ao extenso elenco de crimes, não é muito numerosa (331 indivíduos), dificultando pela sua diversidade a realização de uma análise e interpretação objectivas, foi efectuado um exercício de agrupamento de alguns tipos de crimes em grupos com significado criminal mais alargado, tomando em linha de conta não só o valor jurídico violado como também a forma genérica de os perpetrar.

Desse modo, apresentamos os grandes grupos de crimes, a partir dos quais efectuaremos a análise sequencial dos trajectos criminais dos indivíduos:

- Consumo de Droga[67];
- Tráfico-Consumo e Tráfico de Droga[68];
- Emissão de Cheque Sem Provisão[69];
- Contra o Estado[70];
- Contra a Vida[71];
- Contra a Integridade Física e a Liberdade Pessoal[72];
- Natureza Sexual[73];
- Contra o Património Com Violência[74];
- Contra o Património Sem Violência[75];
- De Falsificação[76];
- Outros Contra as Pessoas[77];

---

[67] Restringe-se ao consumo de drogas.

[68] Inclui os casos de tráfico-consumo e aqueles em que apenas se manifesta estritamente a prática de tráfico.

[69] Refere-se estritamente à emissão de cheques sem provisão.

[70] Inclui os crimes de: Descaminho ou destruição de objectos colocados sob o poder público; Evasão/motim presos; Falso depoimento; Peculato; Corrupção; Branqueamento capitais.

[71] Inclui os crimes de: Homicídio; Infanticídio; e Aborto.

[72] Inclui os crimes de: Sequestro; Rapto; e Ofensas à integridade física.

[73] Inclui os crimes de: Violação; Exploração sexual de pessoas; Exploração sexual de menores; Abuso sexual de menores; e Atentado ao pudor.

[74] Inclui os crimes de: Roubo; Roubo por estição; Dano; e Extorsão.

[75] Inclui os crimes de: Abuso de confiança; Furto; Furto de dinheiro ou equiparados; Furto doméstico; Furto em residência; Furto em estabelecimento aberto; Furto em estabelecimento fechado; Furto no trabalho; Furto em veículo; Furto de veículo; Furto de uso de veículo; Apropriação ilegítima em caso de acessão de coisa achada; Furto de obras de arte; Usurpação de coisa imóvel; Abuso de cartão de credito; Burla; Burla na obtenção serviços; Burla na obtenção de um bem; Receptação; e Utilização ilegal de dados.

[76] Inclui os crimes de: Falsificação de documentos; Falsificação de documentos de identificação; Falsificação de cheques e equiparados; Falsificação de documento para a obtenção de um bem; Contrafacção de moeda e equiparados; Contrafacção de cunhos de ourivesaria; e Passagem de moeda falsa.

[77] Inclui os crimes de: Difamação; e Injuria.

- Outros Contra a Sociedade[78];
- Crimes Não Especificados[79].

Do total da amostra contabilizam-se 966 registos-crime associados de forma indistinta aos 331 indivíduos que a compõem. Apresentamos de seguida a distribuição das frequências registos-crime pelos diversos grupos de crimes considerados:

Quadro 23
Distribuição das frequências da variável Grupo de Crimes pelas categorias que a estruturam

GRUPOS DE CRIMES	REGISTOS-CRIME	
	Frequências	%
Consumo de Droga	33	3,4
Tráfico-Consumo e Tráfico de Droga	270	28,0
Emissão de Cheque Sem Provisão	181	18,7
Contra o Estado	13	1,3
Contra a Vida	6	0,6
Contra a Integridade Física e Liberdade Pessoal	7	0,7
Natureza Sexual	7	0,7
Contra o Património Com Violência	22	2,3
Contra o Património Sem Violência	281	29,1
De Falsificação	103	10,7
Outros Contra as Pessoas	3	0,3
Outros Contra a Sociedade	16	1,7
Não Especificados	24	2,5
Total	966	100,0

---

[78] Inclui os crimes de: Insolvência; Posse de arma proibida; Incêndio – Fogo Posto; Associação criminosa; Terrorismo; Crimes fiscais; e Fraude na obtenção de subsidio ou subvenção.

[79] Dizem respeito a registos-crime existentes mas que não fazem referência ao tipo de crime cometido.

Conforme se pode depreender do quadro, em termos de representação do género feminino no crime, poderemos afirmar que o feminino se exprime em dois grupos de forma distinta. Tomando como referência a relevância da representatividade da participação dos sujeitos pelos diversos tipos de crimes, podemos afirmar que o género feminino assume maior representatividade nos crimes (elencados por ordem decrescente de representatividade):

- Contra o Património Sem Violência;
- Tráfico-Consumo e Tráfico de Droga;
- Emissão de Cheque Sem Provisão;
- De Falsificação.

Assim como também podemos afirmar que o feminino assume menor representatividade nos crimes (elencados por ordem decrescente de representatividade):

- Consumo de Droga;
- Contra o Património Com Violência;
- Outros Contra a Sociedade;
- Contra o Estado;
- Contra a Integridade Física e Liberdade Pessoal;
- Natureza Pessoal;
- Contra a Vida;
- Outros Contra as Pessoas.

Não obstante a relevância da distinção, tendo como referência o peso de representatividade da participação do feminino nos grupos criminais referidos, importa sublinhar que os grupos criminais com maior representatividade são em parte o reflexo da existência dos sujeitos em estudo numa sociedade moderna, caracterizada por um modo de produção fundado em elevados índices de consumação de bens. São indubitavelmente crimes que em regra não requerem o uso da força, caracterizando-se ora pelo acto sub-reptício da apropriação ilícita; ora pela astúcia ou pelo engano; ora pela lógica clandestina do negócio ilegal da droga e seu consumo. No total representam 86,5% do total da amostra.

Os grupos criminais de menor representatividade da participação feminina no crime, só aparentemente podem ser conotados como residuais e de somenos significado. Pelo contrário, a diversidade de tipos de crime que representam são reveladores da presença da mulher no cometimento dessas figuras criminais. Conforme veremos mais adiante, alguns desses grupos de crimes estão ligados à especificidade de determinados percursos criminais, estreitamente ligados aos grupos de crimes de maior representatividade. Outros, pelo contrário são expressões singulares de percursos que se circunscrevem ao grupo criminal a que pertencem de menor representatividade.

Quadro 24
Distribuição dos indivíduos constituintes da amostra em estado Activo na Ordem dos Registos a que se encontram associados

	Ordem dos Registos																
	1.º	2.º	3.º	4.º	5.º	6.º	7.º	8.º	9.º	10.º	11.º	12.º	13.º	14.º	15.º	16.º	17.º
Indivíduos Activos	331	173	117	84	58	47	34	33	27	20	14	11	8	4	2	2	1
%	100,0	52,3	35,3	25,4	17,5	14,2	10,3	10,0	8,2	6,0	4,2	3,3	2,4	1,2	0,6	0,6	0,3

No que concerne à participação e frequência dos indivíduos no tempo, importa referir que do total da amostra apenas 52,3% dos indivíduos têm associado mais que um registo-crime, sendo que dos 331 sujeitos iniciais apenas 173 permanecem activos após o primeiro registo, por lhes estarem associados um segundo registo-crime. A tendência é continuamente decrescente, atingindo no quarto registo, uma percentagem de actividade de apenas ¼ do total da amostra,

Quadro 25
Correspondência do número de indivíduos pertencentes às categorias da variável Tipo de Delinquente, com o Número de Registos-Crime a que se encontram associados, e respectivas médias de frequências de Registos-Crime pelas categorias tipo de delinquente

Tipo de Delinquente	N.º Indivíduos	%	N.º Registos	%	Média
Primário	158	47,7	158	16,4	1,0
Ocasional	89	26,9	211	21,8	2,4
Reincidente	57	17,2	292	30,2	5,1
Crónico	27	8,2	305	31,6	11,3
Totais	331	100,0	966	100,0	2,9

sendo que a partir desta ordem de registo-crime, os indivíduos se englobam nas categorias da variável Tipo de Delinquente, ora *Reincidente* (caracterizados por lhes estarem associados entre 4 a 8 registos-crime), ora *Crónico* (caracterizados por lhes estarem associados entre 9 a 17 registos-crime).

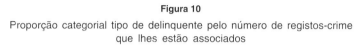

Figura 10
Proporção categorial tipo de delinquente pelo número de registos-crime que lhes estão associados

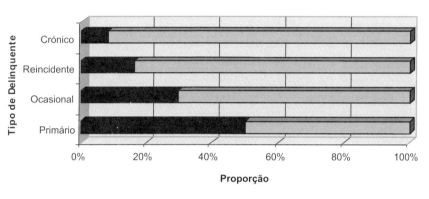

Existe uma clara e lógica inversão na correspondência entre as percentagens de indivíduos pertencentes a cada categoria da variável Tipo de Delinquente e as percentagens referentes ao número de registos-crime associados a cada categoria. A relação é inversa na medida em que à medida que o número de indivíduos pertencentes a cada categoria da variável Tipo de Delinquente diminui pelas diversas categorias que a compõem (ordenados a partir da lógica daqueles que apresentam menores associações a registos-crime, aos que apresentam maiores associações a registos-crime), o número de registos-crime imputados a cada indivíduo das categorias da variável Tipo de Delinquente aumenta.

A relação referida é de tal forma evidente que as categorias com menor representatividade na amostra, *Reincidente* (17,2%) e *Crónico* (8,2%), são aquelas que não só assumem maior representatividade no universo dos registos-crime imputados à amostra no seu todo, para as categorias referidas respectivamente 30,2% e 31,6%, como em termos de média de registos-crime associada a cada indivíduo pertencente a cada uma dessas categorias, se situa respectivamente nos valores 5,1 e 11,3. Inversamente, as categorias da variável Tipo de Delinquente com maior peso representativo na amostra, *Primário* (47,7%) e *Ocasional* (26,9%), são aquelas que menos registos--crime lhes estão associados, respectivamente 16,4% e 21,8%, e cujas médias de registos-crime por indivíduo são menores, respectivamente 1,0 e 2,4.

De forma sintética, do total de registos-crime em análise 2/3 desse universo estão associados a apenas ¼ do total dos indivíduos que compõem a amostra, pertencentes às categorias minoritárias *Reincidente* e *Crónico*, constituindo desse modo um forte indicador da enunciação da assunção de que uma elevada percentagem da criminalidade conhecida cometida por mulheres deve ser imputada a indivíduos que apresentam as características dos referenciados com as categorias *Reincidente* e *Crónico*, ou seja, indivíduos que potencialmente se iniciam no crime mais cedo, tendendo a desenvolver trajectórias criminais institucionalizadas mais dilatadas no tempo.

Todavia, não obstante a nítida clivagem existente entre os quatro tipos de delinquentes, importa, embora insistindo no recurso a dados eminentemente quantitativos, continuar a descortinar, de uma forma em geral mas de modo mais especifico, a distinção existente entre os conteúdos delitivos de cada categoria em análise.

No âmbito do significado que atribuímos neste ponto ao termo especificidade, as trajectórias da categoria *Primário* são *pontuais*, porque em número se restringem à sua singularidade literal. A denominação da própria categoria indica-nos que a esses indivíduos apenas se encontra associado um registo-crime, ou seja, o número de indivíduos pertencentes à categoria *Primário* é rigorosamente igual ao número de registos-crime que lhes estão associados, enquanto sub amostra categorial da variável Tipo de Delinquente.

Se atendermos ao número de registos-crime, coincidente nesta categoria com o número de indivíduos que a compõem, verificamos que os grupos de crimes mais representados na categoria *Primário* são por ordem decrescente: Tráfico-Consumo e Tráfico de Droga, Contra o Património Sem Violência, Emissão de Cheque Sem Provisão, e os De Falsificação.

Quadro 26

Distribuição das frequências da variável Grupo de Crimes pela categoria *Primário* da variável Tipo de Delinquente, e a proporção percentual das frequências de registos-crime dos diversos grupos de crimes associados a essa categoria tipo de delinquente relativa aos totais dos registos-crimes por grupo de crimes do total da amostra

GRUPOS DE CRIMES	CATEGORIA: PRIMÁRIO REGISTOS-CRIME Frequências	%	Proporção (%) referente aos totais por Grupo de Crime	TODAS AS CATEGORIAS DA VARIÁVEL TIPO DE DELINQUENTE REGISTOS-CRIME Frequências	%
Consumo de Droga	3	1,9	9,1	33	3,4
Tráfico-Consumo e Tráfico de Droga	45	28,5	16,7	270	28,0
Emissão de Cheque Sem Provisão	37	23,4	20,4	181	18,7
Contra o Estado	2	1,3	15,4	13	1,3
Contra a Vida	5	3,2	83,3	6	0,6
Contra a Integridade Física e Liberdade Pessoal	0	0,0	0,0	7	0,7
Natureza Sexual	0	0,0	0,0	7	0,7
Contra o Património Com Violência	1	0,6	4,5	22	2,3
Contra o Património Sem Violência	38	24,1	13,5	281	29,1
De Falsificação	22	13,9	21,4	103	10,7
Outros Contra as Pessoas	0	0,0	0,0	3	0,3
Outros Contra a Sociedade	5	3,2	31,3	16	1,7
Não Especificados	0	0,0	0,0	24	2,5

Se encetarmos um processo interpretativo com base na relação proporcional da frequência de registos-crime de cada tipo de grupo de crime associado à categoria *Primário*, em comparação com os totais dos registos-crime de cada tipo de grupo de crime do total da amostra, constatamos que a ordem representativa referida não se mantém. Constata-se que a categoria *Primário* se distingue primeiramente por lhe estar associada a maioria das frequências dos registos--crime Contra a Vida (83,3%), e uma importante percentagem dos registos-crime designados como Outros Contra a Sociedade (31,3%), sendo que só depois desses se perfilam por ordem decrescente os registos-crime De Falsificação, Emissão de Cheque Sem Provisão, Tráfico-Consumo e Tráfico de Droga, Contra o Estado, e Contra o Património Sem Violência, e numa proporção mais residual, os registos-crime de Consumo de Droga, e Contra o Património Com Violência.

Apesar da interpretação que as frequências distribuídas pelas diversas categorias da variável Grupo de Crime permitem, tanto na leitura restritiva à dimensão da sub-amostra categorial *Primário*, tanto na acepção do total da amostra que serve o presente projecto, tomando como tal o total dos registos-crime, distinguem-se essencialmente pelo número os registos-crime directamente ligados à droga, os referentes à prática da falsificação e emissão de cheque sem provisão, assim como os tipos de crimes relacionados com o património em geral.

Desse modo, procedemos à criação de três grandes grupos de crimes, resultantes da associação de vários grupos de crimes, quer essencialmente pela similitude do valor jurídico violado, quer pelo método como são perpetrados, permitindo a operação de reagrupamento que de seguida expomos, e possibilitando uma leitura mais simplificada do peso que esses registos-crime detêm em cada uma das categorias da variável Tipo de Delinquente.

- Crimes Associados Directamente à Droga (constituídos pelos grupos de crimes, Consumo de Droga, e Tráfico-Consumo e Tráfico de Droga);
- Crimes De Falsificação e de Emissão de Cheque Sem Provisão (constituídos pelos grupos de crimes, De Falsificação, e Emissão de Cheque Sem Provisão);
- Crimes Contra o Património (constituídos pelos grupos de crimes, Contra o Património Sem Violência, e Contra o Património Com Violência).

Quadro 27
Participação dos três grandes Grupos de Crimes nas trajectórias criminais da categoria *Primário* da variável Tipo de Delinquente

Grupos de Crimes presentes em cada trajectória	Presença de Grupos de Crimes em cada individuo pertencente à categoria *Primário*	
	Primário (n=158)	% Relativa n=158
Crimes Associados Directamente à Droga	48	30,4
Crimes de falsificação e de Emissão de cheque sem provisão	59	37,3
Crimes Contra o Património	39	24,7

Se procurarmos perceber que percentagem relativa é que esses três grupos ocupam na existência total dos registos-crime que compõem as trajectórias dos indivíduos pertencentes à categoria *Primário*, o quadro que se segue é elucidativo.

Constata-se por ordem decrescente, que 37,3% das trajectórias dos indivíduos da sub-amostra do tipo *Primário* estão marcadas com registos-crime pertencentes ao grupo crime denominado Crimes De Falsificação e de Emissão de Cheque Sem Provisão, e 30,4% e 24,7% marcadas com registos-crime dos grandes grupos de crimes referidos, respectivamente, como Crimes Associados Directamente à Droga e Crimes Contra o Património.

Procedendo à análise da categoria *Ocasional*, constatamos que a distribuição dos registos-crime pelas diversas categorias da variável Grupo de Crime associada a essa categoria tipo de delinquente, expõe os grupos de crimes mais representados na categoria *Ocasional*, que são, por ordem decrescente: Tráfico-Consumo e Tráfico de

Quadro 28
Distribuição das frequências da variável Grupo de Crimes pela categoria *Ocasional* da variável Tipo de Delinquente, e a proporção percentual das frequências de registos--crime dos diversos grupos de crimes associados a essa categoria tipo de delinquente relativa aos totais dos registos-crimes por grupo de crimes do total da amostra

GRUPOS DE CRIMES	CATEGORIA: OCASIONAL REGISTOS-CRIME Frequências	%	Proporção (%) referente aos totais por Grupo de Crime	TODAS AS CATEGORIAS DA VARIÁVEL TIPO DE DELINQUENTE REGISTOS-CRIME Frequências	%
Consumo de Droga	4	1,9	12,1	33	3,4
Tráfico-Consumo e Tráfico de Droga	80	37,9	29,6	270	28,0
Emissão de Cheque Sem Provisão	49	23,2	27,1	181	18,7
Contra o Estado	1	0,5	7,7	13	1,3
Contra a Vida	0	0,0	0,0	6	0,6
Contra a Integridade Física e Liberdade Pessoal	3	1,4	42,9	7	0,7
Natureza Sexual	2	0,9	28,6	7	0,7
Contra o Património Com Violência	4	1,9	18,2	22	2,3
Contra o Património Sem Violência	46	21,8	16,4	281	29,1
De Falsificação	16	7,6	15,5	103	10,7
Outros Contra as Pessoas	0	0,0	0,0	3	0,3
Outros Contra a Sociedade	4	1,9	25,0	16	1,7
Não Especificados	2	0,9	8,3	24	2,5

Droga, Emissão de Cheque Sem Provisão, Contra o Património Sem Violência, e De Falsificação, em suma, os mesmos grupos crime que a categoria *Primário* evidenciou, sendo que no presente caso em comparação com o anterior, os grupos de crimes Emissão de Cheque Sem Provisão e Contra o Património Sem Violência inverteram a ordem de representatividade.

Se nos reportamos à proporção relativa de registos-crime de cada grupo de crime associado à categoria *Ocasional* pelos totais de frequências de cada grupo de crimes do total da amostra, constatamos uma lógica interpretativa diferente. Não obstante o peso significativo que cada grupo de crime já referido assume na categoria tipo de delinquente em análise, a representatividade dos registos-crime por relação ao sub-universo de cada tipo de grupo de crime a que correspondem, espelham uma proporção relacional bastante específica e caracterizadora do grupo tipo de delinquente *Ocasional*. Efectivamente, à categoria *Ocasional* estão associados quase ½ dos registos-crime classificados como Contra a Integridade Física e Liberdade Pessoal, assim como uma importante percentagem dos registos-crime por Tráfico-Consumo e Tráfico de Droga, Natureza Sexual, Emissão de Cheque Sem Provisão, e Outros Contra a Sociedade, seguindo-se-

Quadro 29
Participação dos vários grupos de crimes nas trajectórias criminais da categoria *Ocasional* da variável Tipo de Delinquente

Grupos de Crimes presentes em cada trajectória	Presença de Grupos de Crimes em cada individuo pertencente à categoria *Ocasional*	
	Ocasional (n=89)	% Relativa n=89
Consumo de Droga	3	3,4
Tráfico-Consumo e Tráfico de Droga	45	50,6
Emissão de Cheque Sem Provisão	26	29,2
De Falsificação	13	14,6
Contra o Estado	1	1,1
Contra a Vida	0	0,0
Contra a Integridade Física e Liberdade Pessoal	3	3,4
Natureza Sexual	2	2,2
Contra o Património Com Violência	3	3,4
Contra o Património Sem Violência	34	38,2
Outros Contra as Pessoas	0	0,0
Outros Contra a Sociedade	4	4,5

-lhes por ordem decrescente, Contra o Património Com Violência, Contra o Património Sem Violência, De Falsificação, Consumo de Droga, e numa proporção mais residual os registos-crime designados Contra o Estado.

Não basta determinarmos o número e o tipo de registos-crime associados à categoria em análise, nem estabelecermos uma razão de proporcionalidade dentro da sub-amostra categorial *Ocasional*, ou mesmo por referência à amostra no seu todo, para caracterizarmos a especificidade relativa das trajectórias criminais do tipo de delinquente *Ocasional*. Importa perceber em quantas trajectórias é que encontramos os diversos tipos de grupos crime em estudo.

Ao nos atermos à presença dos diversos grupos crime nas trajectórias dos sujeitos da categoria *Ocasional*, verificamos que em cerca de metade das trajectórias deste grupo tipo de delinquente se inscreve pelo menos um registo-crime relativo ao grupo de crime Tráfico-Consumo e Tráfico de Droga, seguindo-se-lhes em menor percentagem os grupos de crimes: Contra o Património Sem Violência, Emissão de Cheque Sem Provisão, De Falsificação; e de uma forma menos expressiva os grupos de crimes: Outros Contra a Sociedade, Consumo de Droga, Contra a Integridade Física e Liberdade Pessoal, Contra o Património Com Violência, Natureza Sexual, e Contra o Estado.

Quadro 30
Participação dos três grandes Grupos de Crimes nas trajectórias criminais da categoria *Ocasional* da variável Tipo de Delinquente

Grupos de Crimes presentes em cada trajectória	Presença de Grupos de Crimes em cada individuo pertencente à categoria *Ocasional*	
	Ocasional (n=89)	% Relativa n=89
Crimes Associados Directamente à Droga	45	**50,6**
Crimes De Falsificação e de Emissão de Cheque sem Provisão	38	**42,7**
Crimes Contra o Património	35	**39,3**

Considerando os três grandes grupos de crimes aglutinadores dos tipos de grupos de crimes mais representados, verificamos que as trajectórias dos indivíduos pertencentes à categoria *Ocasional* contêm nas suas estruturas cronológico-sequênciais pelo menos um registo-crime pertencente aos três grandes grupos, sendo que os Crimes Associados Directamente à Droga, assumem a dianteira em termos de presença representativa nas trajectórias desses indivíduos (50,6%), seguindo-se-lhes os Crimes De Falsificação e de Emissão de Cheque Sem Provisão (42,7%) e os Crimes Contra o Património (39,3%).

Centrando-nos na análise da categoria *Reincidente*, voltamos a verificar a hegemonia do número de registos-crime pertencentes aos grupos de crimes, ordenados por ordem decrescente: Tráfico--Consumo e Tráfico de Droga e Contra o Património Sem Violência, seguindo-se-lhes os grupos de crimes Emissão de Cheque Sem Provisão, e De Falsificação, e por último com expressão minoritária, Consumo de Droga, Contra o Património Com Violência, Outros Contra a Sociedade, Contra o Estado, Outros Contra as Pessoas, e Natureza Sexual.

Se nos ativermos à proporção percentual das frequências de registos-crime de cada grupo de crimes associados à categoria *Reincidente*, com as frequências totais de registos-crime pertencentes a cada grupo de crime da amostra na sua totalidade, constatamos que nesta categoria tipo de delinquente se encontra associada uma importante percentagem de registos-crime conotados com o uso de alguma violência. É o caso do grupo de crime Contra o Património Com Violência que alcança nesta categoria tipo de delinquente uma associação a registos-crime desse tipo na ordem dos 40,9%, assim como no grupo de crime Outros Contra as Pessoas (66,7%), este último essencialmente caracterizado pelos crimes de Injúria e Difamação.

Para além dos referidos, constatam-se percentagens de representatividade importantes nos grupos de crimes, referidos por ordem decrescente: Consumo de Droga, Tráfico-Consumo e Tráfico de Droga, De Falsificação, Contra o Património Sem Violência, Emissão de Cheque Sem Provisão, Contra o Estado, e de uma forma menor no grupo de crime referido como De Natureza Sexual.

A presença de determinado tipo de registo-crime nas trajectórias dos indivíduos da categoria *Reincidente*, segue a tendência geral e lógica dos níveis de representatividade dos quatro principais grupos de crimes referidos nas categorias precedentes pertencentes à variá-

Quadro 31

Distribuição das frequências da variável Grupo de Crimes pela categoria *Reincidente* da variável Tipo de Delinquente, e a proporção percentual das frequências de registos--crime dos diversos grupos de crimes associados a essa categoria tipo de delinquente relativa aos totais dos registos-crimes por grupo de crimes do total da amostra

GRUPOS DE CRIMES	CATEGORIA: REINCIDENTE REGISTOS-CRIME Frequências	%	Proporção (%) referente aos totais por Grupo de Crime	TODAS AS CATEGORIAS DA VARIÁVEL TIPO DE DELINQUENTE REGISTOS-CRIME Frequências	%
Consumo de Droga	12	4,1	36,4	33	3,4
Tráfico-Consumo e Tráfico de Droga	96	32,9	35,6	270	28,0
Emissão de Cheque Sem Provisão	44	15,1	24,3	181	18,7
Contra o Estado	3	1,0	23,1	13	1,3
Contra a Vida	0	0,0	0,0	6	0,6
Contra a Integridade Física e Liberdade Pessoal	0	0,0	0,0	7	0,7
Natureza Sexual	1	0,3	14,3	7	0,7
Contra o Património Com Violência	9	3,1	40,9	22	2,3
Contra o Património Sem Violência	75	25,7	26,7	281	29,1
De Falsificação	29	9,9	28,2	103	10,7
Outros Contra as Pessoas	2	0,7	66,7	3	0,3
Outros Contra a Sociedade	4	1,4	25,0	16	1,7
Não Especificados	17	5,8	70,8	24	2,5

vel Tipo de Delinquente. Temo-las representado por ordem decrescente: Tráfico-Consumo e Tráfico de Droga, Contra o Património Sem Violência, De Falsificação, e Emissão de Cheque Sem Provisão. Todavia perfilam-se outros grupos de crimes com percentagens relativas bastante relevantes nas trajectórias dos indivíduos. Referimo--nos aos grupos de crimes Consumo de Droga e Contra o Património Com Violência.

Com representações mais baixas nas trajectórias dos sujeitos, seguem-se os restantes grupos de crimes: Contra o Estado, Outros Contra a Sociedade, Outros Contra as Pessoas, e Natureza Sexual.

Se nos detivermos nos três grandes grupos de crimes, constatamos que qualquer um deles está presente em mais de metade do total da sub-amostra da categoria *Reincidente*. Dito de outro modo, as trajectórias dos indivíduos pertencentes a esta categoria tipo de delinquente estão fortemente dominadas, com existência de pelo menos um registo-crime, pelos diversos tipos de grupos de crimes que estruturam os três que de seguida referimos.

Quadro 32
Participação dos vários grupos de crimes nas trajectórias criminais
da categoria *Reincidente* da variável Tipo de Delinquente

Grupos de Crimes presentes em cada trajectória	Presença de Grupos de Crimes em cada individuo pertencente à categoria *Reincidente*	
	Reincidente (n=57)	% Relativa n=57
Consumo de Droga	8	14,0
Tráfico-Consumo e Tráfico de Droga	35	61,4
Emissão de Cheque Sem Provisão	14	24,6
De Falsificação	22	38,6
Contra o Estado	3	5,3
Contra a Vida	0	0,0
Contra a Integridade Física e Liberdade Pessoal	0	0,0
Natureza Sexual	1	1,8
Contra o Património Com Violência	6	10,5
Contra o Património Sem Violência	34	59,6
Outros Contra as Pessoas	2	3,5
Outros Contra a Sociedade	3	5,3

Quadro 33
Participação dos três grandes Grupos de Crimes nas trajectórias criminais
da categoria *Reincidente* da variável Tipo de Delinquente

Grupos de Crimes presentes em cada trajectória	Presença de Grupos de Crimes em cada individuo pertencente à categoria *Reincidente*	
	Reincidente (n=57)	% Relativa n=57
Crimes Associados Directamente à Droga	37	64,9
Crimes De Falsificação e de Emissão de Cheque sem Provisão	30	52,6
Crimes Contra o Património	38	66,7

Há que salientar o facto que o aumento da presença de determinado tipo de registo-crime nas trajectórias de indivíduos pertencentes à categoria *Reincidente* é de algum modo previsível, pois à medida que progredimos na análise pelos diversos tipos de delinquentes, a associação de registos-crime a essas categorias é crescente, em razão da sua própria estrutura enquanto tipo de delinquente.

Dessa forma, tendo em vista os três grandes grupos de crimes mais representados na amostra, constatamos que os Crimes Contra o Património (66,7%) assumem a primazia nas trajectórias dos *Reincidentes*, inserindo-se nas trajectórias criminais da maioria dos sujeitos com pelo menos um registo-crime desse tipo, seguidos dos Crimes Associados Directamente à Droga (64,9%), e dos Crimes De Falsificação e de Emissão de Cheque Sem Provisão (52,6%).

E a categoria *Crónico*? De que forma é que os vários tipos de grupos de crimes se inscrevem nas trajectórias desses indivíduos e as enformam?

No âmbito da distribuição do número de registos-crime associados aos indivíduos da categoria *Crónico*, estruturados por grupo de crime de pertença, constata-se que uma percentagem importante dos registos-crime associados à categoria em análise pertencem ao grupo

Quadro 34
Distribuição das frequências da variável Grupo de Crimes pela categoria *Crónico* da variável Tipo de Delinquente, e a proporção percentual das frequências de registos-crime dos diversos grupos de crimes associados a essa categoria tipo de delinquente relativa aos totais dos registos-crimes por grupo de crimes do total da amostra

GRUPOS DE CRIMES	CATEGORIA: CRÓNICO REGISTOS-CRIME Frequências	%	Proporção (%) referente aos totais por Grupo de Crime	TODAS AS CATEGORIAS DA VARIÁVEL TIPO DE DELINQUENTE REGISTOS-CRIME Frequências	%
Consumo de Droga	14	4,6	42,4	33	3,4
Tráfico-Consumo e Tráfico de Droga	49	16,1	18,1	270	28,0
Emissão de Cheque Sem Provisão	51	16,7	28,2	181	18,7
Contra o Estado	7	2,3	53,8	13	1,3
Contra a Vida	1	0,3	16,7	6	0,6
Contra a Integridade Física e Liberdade Pessoal	4	1,3	57,1	7	0,7
Natureza Sexual	4	1,3	57,1	7	0,7
Contra o Património Com Violência	8	2,6	36,4	22	2,3
Contra o Património Sem Violência	122	40,0	43,4	281	29,1
De Falsificação	36	11,8	35,0	103	10,7
Outros Contra as Pessoas	1	0,3	33,3	3	0,3
Outros Contra a Sociedade	3	1,0	18,8	16	1,7
Não Especificados	5	1,6	20,8	24	2,5

de crimes Contra o Património Sem Violência, seguindo-se-lhes, por ordem decrescente de representatividade, mas com percentagens bastante significativas, a Emissão de Cheque Sem Provisão, o Tráfico--Consumo e Tráfico de Droga, e De Falsificação, sendo que os restantes grupos crime que inscrevem registos-crime nesta categoria tipo de delinquente, revelam um menor número de representatividade, sendo de referir, pela mesma ordem: Consumo de Droga, Contra o Estado, Contra a Integridade Física e Liberdade Pessoal, Natureza Sexual, Outros Contra a Sociedade, Contra as Pessoas, e Contra a Vida.

Quadro 35
Participação dos vários grupos de crimes nas trajectórias criminais da categoria *Crónico* da variável Tipo de Delinquente

Grupos de Crimes presentes em cada trajectória	Presença de Grupos de Crimes em cada individuo pertencente à categoria *Crónico*	
	Crónico (n=27)	% Relativa n=27
Consumo de Droga	8	29,6
Tráfico-Consumo e Tráfico de Droga	12	44,4
Emissão de Cheque Sem Provisão	11	40,7
De Falsificação	12	44,4
Contra o Estado	6	22,2
Contra a Vida	1	3,7
Contra a Integridade Física e Liberdade Pessoal	1	3,7
Natureza Sexual	1	3,7
Contra o Património Com Violência	5	18,5
Contra o Património Sem Violência	21	77,8
Outros Contra as Pessoas	1	3,7
Outros Contra a Sociedade	2	7,4

Todavia, se nos reportamos à relação proporcional entre o número de registos-crime pertencentes a cada grupo de crime associados à categoria *Crónico*, com os totais referentes a cada grupo de crime associados à amostra no seu todo, descortinamos algumas das especificidades da categoria *Crónico*. Mais de ½ dos registos-crime pertencentes aos grupos de crimes Contra a Integridade Física e Liberdade Pessoal (57,1%), Natureza Sexual (57,1%), e Contra o Estado (53,8%), associados à totalidade da amostra em estudo estão associados a trajectórias de indivíduos pertencentes à categoria *Crónico*. Com percentagens muito próximas de ½ do total dos registos-crime da amostra também se encontram associados a esta categoria tipo de delinquente, os registos-crime dos grupos de crimes Contra o Património Sem Violência, e Consumo de Droga, sendo que com percentagens importantes mas menores, se perfilam por ordem decrescente: Contra o Património Com Violência, De Falsificação, Outros Contra as Pessoas, Emissão de Cheque Sem Provisão, Outros Contra a Sociedade, Tráfico-Consumo e Tráfico de Droga, e Contra a Vida.

Do número de registos-crime associados à categoria *Crónico*, importa passarmos à análise da presença dos diversos grupos de crimes nas trajectórias criminais dos indivíduos.

Verificamos que mais de 2/3 das trajectórias da categoria *Crónico* têm inscrito nas suas sequências delitivas pelo menos um registo--crime pertencente ao grupo crime Contra o Património Sem Violência, seguindo-se-lhe com percentagens importantes os grupos de crimes De Falsificação, Tráfico-Consumo e Tráfico de Droga, Emissão de Cheque Sem Provisão, e Consumo de Droga, e com menor representatividade os grupos de crimes: Contra o Estado, Contra o Património Com Violência, Outros Contra a Sociedade, Outros Contra as Pessoas, Contra a Integridade Física e Liberdade Pessoal, Natureza Sexual, e Contra a Vida.

Quadro 36
Participação dos três grandes Grupos de Crimes nas trajectórias criminais da categoria *Crónico* da variável Tipo de Delinquente

Grupos de Crimes presentes em cada trajectória	Presença de Grupos de Crimes em cada indivíduo pertencente à categoria *Crónico*	
	Crónico (n=27)	% Relativa n=27
Crimes Associados Directamente à Droga	14	**51,9**
Crimes De Falsificação e de Emissão de Cheque sem Provisão	18	**66,7**
Crimes Contra o Património	21	**77,8**

Se atendermos à observação da presença dos três grandes grupos de crimes nas trajectórias dos indivíduos, verificamos que na categoria *Crónico* se confirma a hegemonia existencial nas trajectórias criminais deste tipo de delinquente a presença de registos-crime pertencentes ao grupo crime Crimes Contra o Património (em cerca de ¾ do total de trajectórias), seguindo-se-lhe com percentagens menores, mas nem por isso de somenos importância, os Crimes De Falsificação e de Emissão de Cheque Sem Provisão (em cerca de 2/3 do total de trajectórias), e os Crimes Associados Directamente à Droga (em cerca de ½ do total de trajectórias).

Não obstante a relevância descritiva de determinadas características específicas associadas a cada uma das categorias da variável Tipo de Delinquente, entendemos que alcançamos o momento de análise em que se impõe que façamos uma breve síntese critico--comparativa das especificidades reveladas por cada uma das categorias tipo de delinquente.

No contexto da relação proporcional da frequência de registos--crime pertencentes aos grupos de crimes associados às categorias tipo de delinquente, com os totais das frequências de registos-crime de cada grupo de crime do total da amostra, verifica-se que a categoria *Primário* se caracteriza pela especificidade de lhe estar associado a maioria (83,3%) dos registos-crime do grupo Contra a Vida, assim como uma minoria (4,5%) de registos-crime referentes ao grupo de crimes Contra o Património Com Violência.

Não obstante a extrema particularidade do grupo de crimes Contra a Vida, essencialmente no que diz respeito ao valor transgredido, a categoria *Primário* tende a expressar trajectórias criminais nas quais o recurso potencial à violência e à agressividade é bastante baixo (de referir que esta categoria não tem qualquer frequência associada referente aos grupos de crimes Contra a Integridade Física e Liberdade Pessoal, Natureza Sexual, e Outros Contra as Pessoas). As restantes categorias – *Ocasional, Reincidente* e *Crónico* – apresentam outro tipo de associações a registos-crime conotados com agressividade e violência. São os casos dos grupos de crimes Contra o Património Com Violência, Contra a Integridade Física e Liberdade Pessoal, Natureza Sexual, e Outros Contra as Pessoas.

As categorias *Ocasional* e *Crónico* distribuem entre si os registos-crime referentes ao grupo de crimes Contra a Integridade Física e

Liberdade Pessoal, cabendo-lhes respectivamente 42,9% e 57,1%; também revelam percentagens relevantes na frequência de registos-crime referentes ao grupo de crimes De Natureza Sexual, respectivamente 28,6% e 57,1%, os quais com alguma frequência se encontram inscritos nas mesmas trajectórias.

Todavia a expressão de grupos de crimes conotados com agressividade e violência não cessam nos descritos. As categorias *Reincidente* e *Crónico*, no âmbito do grupo de crimes Contra o Património Com Violência associam às trajectórias dos indivíduos que as constituem percentagens relevantes de frequências, apresentando a categoria *Reincidente* 40,9% e a categoria *Crónico* 36,4% do total de frequências da amostra relacionadas com o grupo de crimes Contra o Património Com Violência. A categoria *Reincidente* pronuncia também percentagens consideráveis nos grupos de crimes relativos a Tráfico-Consumo e Tráfico de Droga (35,6%), Consumo de Droga (36,4%), e Outros Contra as Pessoas (66,7%), enquanto grupos de crimes que pelas suas características poderão potenciar alguma violência, ou mesmo o cometimento de outros tipos de crimes com recurso a agressividade ou violência.

Neste domínio, a categoria *Crónico* pela sua especificidade de categoria representante do menor grupo de indivíduos da amostra aos quais estão associados a maior percentagem de registos-crime, revela em quase todos os grupos de crimes percentagens de frequências de registos-crime bastante significativas. Para além das referidas, conotadas com o potencial recurso a alguma agressividade e violência, importa salientar os grupos de crimes Contra o Património Sem Violência (43,4%), Consumo de Droga (42,4%), De Falsificação (35,0%), e pelo valor que lhe está inscrito, o grupo de crimes Contra a Vida (16,7%).

Tendo explorado a razão proporcional da expressão de cada grupo de crimes associado a cada categoria da variável Tipo de Delinquente, importa debruçarmo-nos um pouco sobre os grupos de crimes presentes em cada categoria tipo de delinquente. É uma forma de complementarmos a explanação que temos vindo a conduzir, de modo a que as tendências que temos vindo a referir possam ser contidas à efectiva dimensão que ocupam na amostra em estudo.

Referimos a relação que alguns valores percentuais respeitantes à associação a alguns grupos de crimes, conotados com alguma agressividade e violência, mantêm com algumas das categorias tipo de delinquente em estudo. Ora, torna-se necessário referir que a grande maioria dos sujeitos da amostra não apresentam qualquer registo-crime que indicie necessariamente o recurso a agressividade ou à violência. Exemplo disso é o facto de no compito geral das trajectórias criminais de cada categoria tipo de delinquente, não apresentam percentagens elevadas de trajectórias que contenham pelo menos um registo-crime de grupos de crimes referenciados com agressividade e ou violência.

Os grupos de crimes Contra a Vida (com percentagens de presença nas trajectórias das categorias *Primário, Ocasional, Reincidente* e *Crónico,* respectivamente 3,2%; 0,0%; 0,0%; 3,7%), Contra a Integridade Física e Liberdade Pessoal (0,0; 3,4%; 0,0%; 3,7%;), Natureza Sexual (0,0%; 2,2%; 1,8%; 3,7%), Contra o Património Com Violência (0,6%; 3,4%; 10,5%; 18,5%), e Outros Contra as Pessoas (0,0%; 0,0%; 3,5%; 3,7%), revelam uma presença bastante residual no compito geral das trajectórias dos elementos da amostra, ressalvando-se com alguma relevância percentual o grupo de crimes Contra o Património Com Violência, principalmente em algumas trajectórias criminais pertencentes às categorias *Reincidente* e *Crónico*, ou seja, nas categorias tipo de delinquente conotadas com maior profundidade no envolvimento com o crime. Desse modo, e sem prejuízo do referido, importa sublinhar que tendencialmente cerca de 92% dos indivíduos constituintes da amostra não apresentam trajectórias criminais nas quais se inscrevam quaisquer registos-crime conotados necessariamente com agressividade e ou violência.

Efectivamente a agressividade e a violência não são a tónica dominante, ou mesmo caracterizadora, da generalidade das trajectórias em estudo. Se tomarmos em linha de conta o número de registos-crime de cada grupo de crimes associados às diversas categorias tipo de delinquente, constata-se que em qualquer das categorias *Primário, Ocasional, Reincidente,* e *Crónico,* os grupos de crimes dominantes, em razão da participação e frequência nas trajectórias dos indivíduos são: Tráfico-Consumo e Tráfico de Droga, Contra o Património Sem Violência, De Falsificação, e Emissão de Cheque Sem Provisão.

Se atendermos aos três grandes grupos de crimes já referidos neste capitulo, nos quais estão inclusos os referidos, verificamos que

Quadro 37
Participação dos três grandes Grupos de Crimes nas trajectórias criminais
das categorias da variável Tipo de Delinquente

Grupos de Crimes presentes em cada trajectória	Presença (percentual) dos três Grupos de Crimes nas trajectórias das categorias da variável Tipo de Delinquente			
	Primário	Ocasional	Reincidente	Crónico
Crimes Associados Directamente à Droga	30,4	50,6	64,9	51,9
Crimes De Falsificação e de Emissão de Cheque sem Provisão	37,3	42,7	52,6	66,7
Crimes Contra o Património	24,7	39,3	66,7	77,8

o peso de cada um deles no número de trajectórias pertencentes a cada categoria tipo de delinquente é bastante significativo e diferente, diferindo entre as quatro categorias da variável Tipo de Delinquente.

Nesse sentido, se apresentarmos os diversos grandes grupos de crimes por ordem decrescente relativamente à grandeza que ocupam em cada categoria tipo de delinquente, compreende-se com maior clareza a distinção que tal distribuição percentual opera em cada categoria.

Primário:

1.º Crimes De Falsificação e de Emissão de Cheque Sem Provisão
2.º Crimes Associados Directamente à Droga
3.º Crimes Contra o Património

Ocasional:

1.º Crimes Associados Directamente à Droga
2.º Crimes De Falsificação e de Emissão de Cheque Sem Provisão
3.º Crimes Contra o Património

Reincidente:

1.º Crimes Contra o Património
2.º Crimes Associados Directamente à Droga
3.º Crimes De Falsificação e de Emissão de Cheque Sem Provisão

Crónico:

1.º Crimes Contra o Património
2.º Crimes De Falsificação e de Emissão de Cheque Sem Provisão
3.º Crimes Associados Directamente à Droga

Se atentarmos uma leitura progressiva ao longo da ordem que os diversos grupos de crimes ocupam na dimensão das trajectórias das categorias tipo de delinquente, assistimos ao facto de entre as categorias caracterizadas por menor número de registos-crime nas suas estruturas (*Primário* e *Ocasional*) se revelar uma tendência crescente da presença do grupo de Crimes Associados Directamente à Droga, concomitante com uma tendência decrescente dos grupos de crimes referidos como Crimes De Falsificação e de Emissão de Cheque Sem Provisão, e Crimes Contra o Património. De forma inversa se verifica entre as trajectórias das categorias tipo de delinquente caracterizadas por maior número de registos-crime nas suas estruturas (*Reincidente* e *Crónico*); uma tendência crescente da presença dos grupos de Crimes De Falsificação e de Emissão de Cheque Sem Provisão, e em particular o grupo de Crimes Contra o Património, e uma tendência decrescente no grupo de Crimes Associados Directamente à Droga. Dito de outro modo, julgamos que a maioria das trajectórias criminais femininas, mais longas e persistentes, se caracterizam essencialmente por se encontrarem associadas ao cometimento de crimes que visam a apropriação ilícita de bens alheios, sem prejuízo de uma percentagem significativa se encontrar cruzada com o fenómeno da droga.

Atento ao exposto, procedemos à interpretação da distribuição das frequências dos diversos grupos de crimes pelas várias categorias tipo de delinquente, caracterizando-as, identificando elementos que as aproximam pela similitude delitiva, e outros que as distinguem. Mas de que forma os vários grupos de crimes evoluem, se ligam e re-ligam no processo delitivo de cada categoria da variável Tipo de Delinquente? Que sequências delitivas insinuam? Que similitudes e variantes? Tais interrogações projectam o nosso labor analítico para uma dimensão mais fina da interpretação dos dados.

Capítulo VIII
As trajectórias criminais na Especificidade

A análise quantitativa com recurso ao SPSS permitiu-nos traçar as características fundamentais de cada tipo de delinquente, identificando os elementos gerais e algumas especificidades que caracterizam as trajectórias dos indivíduos pertencentes às categorias *Primário*, *Ocasional*, *Reincidente*, e *Crónico*. Todavia, proceder à análise das trajectórias criminais institucionalizadas associadas a cada categoria da variável Tipo de Delinquente, implica proceder à escalpelização interpretativa das trajectórias na sua intrínseca especificidade. Ou seja, partindo de dados objectivos, de traço eminentemente quantitativo, procurámos explorar uma dimensão mais qualitativa das trajectórias criminais.

Para tal, importou provir à análise e interpretação das diversas manifestações das trajectórias criminais, a partir de uma perspectiva qualitativa do fenómeno. Atendendo a que a amostra revelou uma diversidade vincada de percursos diversos, qualquer interpretação estritamente quantitativa não nos permitiria abordar a intrincada especificidade das trajectórias que nos propusemos estudar. Desse modo, a partir da estrutura sequencial e cronológica dos diversos registos-crime associados a cada categoria da variável Tipo de Delinquente procedemos ora ao exercício de regressão de registos-crime pelas categorias *Ocasional*, *Reincidente* e *Crónico*, ora ao estudo progressivo dos registos-crime de cada trajectória criminal, nas sequências de valores que apresentam, seguindo as tendências de progressão delitiva que o primeiro registo-crime insinua.

No primeiro caso, recorremos à base de dados construída em SPSS, tendo procedido ao cruzamento sucessivo de registos-crime posteriores com aqueles que imediatamente os antecedem. O exercício referido, para além de se ater na essência à sequência dos cruzamentos entre variáveis Registos-Crime, efectivou-se com referência a cada tipo de categoria da variável Tipo de Delinquente a que os registos-crime se encontram associados, efectuando-se a leitura do resultado de cada cruzamento a partir da interpretação do modo de distribuição das frequências registo-crime posterior (dos grupos de crimes que o compõem) pelos diversos grupos de crimes que compõem o registo-crime anterior. É um exerciço de análise regressiva de registos-crime.

Do exercício referido, resultou a construção de quadros de distribuição de frequências relativos aos diversos grupos de crimes, por referência a cada categoria estruturante do tipo de delinquente de pertença. Dessa forma foi possível verificar, a partir de cada grupo de crimes, de que modo os diversos grupos de crimes (tipos de registos-crime) se distribuíam ao longo da cronologia sequencial de determinada trajectória marcada por determinado tipo de crime por referencia às três categorias tipo de delinquente referidas. Permitiu--nos, em suma, verificar que tipos de registos-crime precedem determinado registo-crime. Permitiu-nos construir índices de predição.

No segundo caso, recorrendo ao instrumento de análise de informação *Analyst's Notebook*, seguiram-se as tendências evolutivas das trajectórias pertencentes às categorias da variável Tipo de Delinquente. O *Analyst's Notebook* é uma ferramenta de análise de dados utilizada por instituições com competências de investigação criminal e de análise de informações de natureza criminal e de segurança mais prestigiadas no mundo (a própria Polícia Judiciária utiliza-a nos casos de investigação mais complexa). A utilização do referido programa permitiu efectuar várias análises de caso, através do seguimento da tendência de evolução de determinados registos-crime, estabelecendo para o efeito diagramas de fluxos das sequências delitivas dos indivíduos, constituindo tal exercício uma análise sequencial e cronológica de registos-crime.

A análise de dados através do *Analyst's Notebook* foi efectuada tendo por base as sequências de registos-crime associados a cada categoria da variável Tipo de Delinquente. Para tal, houve a necessidade de se efectuar a transferência desses dados do ambiente informático SPSS, no qual se encontravam, para ambiente Excel, e deste último para ambiente de ficheiros electrónicos Txt, a partir dos quais foi possível efectuar a operação de importação de dados para o programa *Analyst's Notebook*. Decorrente dessa operação procedemos ao estudo evolutivo das diversas trajectórias criminais das categorias *Ocasional*, *Reincidente* e *Crónico*, a partir da ocorrência dos diversos primeiros registo-crime que lhes estão associados. Em suma, procurámos conhecer que grupo de crimes é que sucede a determinado registo-crime de determinado grupo de crimes.

Conforme se pode depreender da estrutura das categorias da variável Tipo de Delinquente, qualquer das análises que nos propôsemos desenvolver – Regressiva e Sequencial – não gera qualquer sentido na categoria *Primário*, por esta ser constituída por apenas um registo-crime. Tal estudo analítico só faz sentido na análise do comportamento das trajectórias das categorias *Ocasional*, *Reincidente*, e *Crónico*.

A articulação interpretativa Regressivo-Sequencial

Decorrente dos exercícios analíticos regressivo e sequencial, procedemos à articulação interpretativa entre ambos de modo a esclarecermos e a integrarmos um pouco mais o sentido das diversas trajectórias que temos vindo a enunciar. De referir que a análise das trajectórias criminais institucionalizadas na sua especificidade apenas produzem parte do significado total das trajectórias que nos detiveram nestas páginas. Remeteremos a leitura sumária e crítica da sua integralidade, resultante das diversas operações analíticas que produzimos no presente ensaio, para a parte final do estudo.

A análise regressiva permitiu-nos identificar índices de predição relativos a cada grupo de crimes por referência a cada categoria da variável Tipo de Delinquente. Em suma, pretendemos destrinçar que grupos de crimes tendem a preceder outros?

De outro modo, recorrendo à análise sequencial procurámos identificar padrões e fracturas nas sequências delitivas das trajectórias dos diversos tipos de delinquentes. Que configurações de constância e de mudança se operam nas trajectórias criminais institucionalizadas dos sujeitos da amostra?

Dessa forma, procederemos à integração das interpretações produzidas em ambas as análises no domínio de cada categoria tipo de delinquente. Conforme verificámos ao longo da caracterização da amostra, importa sublinhar que da categoria *Ocasional* para a categoria *Crónico* se verifica uma tendência crescente quer no número de registos-crime que compõem e estruturam essas categorias criminais, quer no tempo de duração das trajectórias delinquentes que as identificam e caracterizam.

A categoria *Ocasional*

Da análise produzida aos trajectos delitivos deste tipo de delinquente, observa-se que na maioria dos casos a inscrição de um registo-crime relacionado directamente com a droga, é precedido por outro da mesma natureza. Em casos menos expressivos, mas com significado, registam-se as situações em que o referido grupo de crimes é precedido por registos-crime pertencentes a grupos de crimes conotados com o fenómeno da predação patrimonial. Efectivamente, se seguirmos as trajectórias iniciadas com a inscrição da droga neste tipo de delinquente constatamos uma presença muito forte de registos-crime conotados directamente com a droga, seja nas vertentes do consumo ou do tráfico-consumo, e mesmo do tráfico, complementadas de forma significativa com registos-crime pertencentes a grupos de crimes relacionados com a apropriação ilícita de bens patrimoniais, inclusivamente com recurso à falsificação e quase sempre sem recurso à violência. Importa referir que no caso das sequências iniciadas pelo consumo de droga, o desenvolvimento das trajectórias tende a ficar marcado com a actividade de tráfico, sendo que naquelas cujo início é marcado pelo tráfico e tráfico-consumo, por já estarem inicialmente marcadas pela actividade comercial ilegal, raramente têm associados registos-crime estritamente de consumo.

A ocorrência de um registo-crime pertencente ao grupo de crimes Emissão de Cheque Sem Provisão tende a ser fortemente precedida essencialmente por outro do mesmo grupo de crimes. Se nos detivermos no seguimento do desenvolvimento delitivo de trajectórias iniciadas por este tipo de grupo de crimes, verificamos que a maior parte das trajectórias desenvolvem-se dentro do grupo de crimes em que se iniciaram, havendo situações em que no decurso da sequência existem registos-crime pertencentes a grupos de crimes relacionados com a apropriação ilícita de bens, inclusivamente com recurso à falsificação. Importa referir que também se denota um pequeno grupo de trajectórias que após a ocorrência do primeiro registo-crime se desenvolvem no sentido de inscreverem no percurso delitivo registos-crime relacionados directamente com a actividade de tráfico e tráfico-consumo.

Referente ao grupo de crimes Contra a Vida, a categoria *Ocasional* não inscreve qualquer registo desse grupo nas suas trajectórias. Também no que respeita aos registos-crime De Natureza Sexual constata-se que não existe qualquer trajectória iniciada por registos-crime deste tipo de grupo de crimes, todavia aquando do desenvolvimento de trajectórias em que contêm registos-crime pertencentes a esse grupo de crimes verifica-se nesta categoria tipo de delinquente que os registos que lhe estão associados foram precedidos por registos-crime pertencentes aos grupos de crimes Tráfico-Consumo e Tráfico de Droga, assim como Contra a Integridade Física e Liberdade Pessoal.

O grupo de crimes Contra a Integridade Física e Liberdade Pessoal é dos grupos de crimes que em termos de número de registos-crime de pertença é menos representado. Nos poucos casos em que ocorre nesta categoria tipo de delinquente constata-se que foi precedido por ocorrências do grupo de crimes Contra o Património Sem Violência. Todavia se nos centrarmos nas trajectórias da categoria *Ocasional* iniciadas pelo grupo de crimes Contra a Integridade Física e Liberdade Pessoal verificamos que a única que existe é precedida pelo grupo de crimes De Natureza Sexual.

Reportando-nos ao grupo de crimes Contra o Património Com Violência, embora pelo número diminuto de registos-crime associados à categoria *Ocasional* este grupo de crimes não se revele de grande significado, importa referir que quando registos-crime deste tipo de grupo de crimes ocorrem são precedidos por registos pertencentes aos grupos de crimes Contra a Integridade Física e Liberdade Pessoal, Contra o Património Sem Violência e Emissão de Cheque Sem Provisão. Se considerarmos o estudo evolutivo das trajectórias iniciadas por ocorrências do grupo de crimes em análise, constatamos que associado à categoria tipo de delinquente em causa, apenas existe uma trajectória, sendo que a estrutura da sequência delitiva é compreendida estritamente por registos pertencentes aos grupos de crimes Contra o Património, Com e Sem Violência.

Se alguns grupos de crimes revelaram uma tendente ligação aos grupos de crimes directamente relacionados com a droga, sem margem para qualquer dúvida que o grupo de crimes Contra o Património Sem Violência é aquele que maior ligação tem com a droga, não só no âmbito da categoria *Ocasional* que interessa agora analisar, como nas outras que nos pontos seguintes abordaremos. Não obstante o que referimos, importa sublinhar que os dados permitem inferir que o grupo de crimes que se constitui como sendo o maior preditor do grupo de crimes Contra o Património Sem Violência, é o próprio grupo de crimes Contra o Património Sem Violência. De seguida a este grupo destacam-se os grupos de crimes Tráfico-Consumo e Tráfico de Droga, e a Emissão de Cheque Sem Provisão. Efectivamente se nos detivermos na análise dos registos do grupo de crimes em estudo enquanto primeiros registos nas trajectórias, verificamos que cerca de ½ das trajectórias são constituídas por registos-crimes pertencentes a esse grupo de crimes, todavia denotam-se algumas especificidades na evolução delitiva de algumas trajectórias. Aquelas que se conectam à droga, estabelecem essa ligação logo após o primeiro registo, e mantêm-se nesse último grupo de crimes, enquanto que as outras trajectórias desenvolvem a sua sequência transgressiva pelo grupo de crimes em análise, com algumas a evoluírem significativamente pelo grupo de crimes De Falsificação, e por outros menos significativos, sendo que a tónica comum consiste na isenção de qualquer ligação a grupos de crimes directamente relacionados com a droga.

Consideramos que é um facto transversal às três categorias da variável Tipo de Delinquente a circunstância do grupo de crimes Contra o Património Sem Violência se constituir no elemento com maior potencial preditor do grupo de crimes De Falsificação. Nos casos que se referem à categoria *Ocasional*, constata-se que o grupo de crimes que se perfila com influência preditiva, logo a seguir ao referido, é o grupo de crimes Tráfico-Consumo e Tráfico de Droga, sendo que só depois se destacam os registos-crime pertencentes ao grupo De Falsificação. Em certa medida se nos reportarmos ao desenvolvimento das sequências delitivas iniciadas pelo grupo de crimes De Falsificação deparamo-nos com os mesmos grupos de crimes referidos, estando nelas representados em similar proporção.

Os grupos de crimes Contra o Estado, Outros Contra a Sociedade e Outros Contra as Pessoas, são dos grupos de crimes que em termos de número de registos-crime de pertença, aqueles que se encontram menos representados no compito geral da amostra, com a consequente repercussão na distribuição de frequências pelas categorias tipo de delinquente. Daí a fragilidade de qualquer inferência a produzir a partir da análise dos dados. Todavia, não obstante as limitações reveladas importa proceder à sua interpretação.

Constata-se que não existe nenhuma trajectória com qualquer registo-crime pertencente ao grupo de crimes Outros Contra as Pessoas, assim como também não se confirma qualquer trajectória iniciada com registos-crime pertencentes ao grupo de crimes Contra o Estado. O único registo-crime pertencente ao grupo de crimes Contra o Estado existente numa das trajectórias da categoria tipo de delinquente em estudo assume uma posição sequencial além primeiro registo na trajectória, precedido pelo grupo de crimes Contra o Património Sem Violência.

Também no que concerne ao grupo de crimes Outros Contra a Sociedade apenas existem dois registos-crime desse grupo nas trajectórias da categoria em estudo, sendo que a sua ocorrência foi precedida por registos-crime pertencentes respectivamente aos grupos de crimes Emissão de Cheque Sem Provisão e Contra o Património Sem Violência. Se procedermos à revisão evolutiva da sequência delitiva das trajectórias iniciadas com registos-crime do grupo de crimes em causa, constatamos que das duas existentes uma delas é trespassada pela droga e seguida da falsificação, enquanto que a outra se detém estritamente pela predação patrimonial.

A categoria *Reincidente*

O estudo das sequências delitivas da categoria *Reincidente* revela-nos que no que respeita aos grupos de crimes ligados directamente com a droga, esses são geralmente precedidos por registos-crime pertencentes ao mesmo grupo de crimes, denotando-se também uma relevante presença de grupos de crimes relacionados com a violação de bens patrimoniais, incluindo o recurso à falsificação. Se procedermos à análise da sequência delitiva das trajectórias iniciadas com registos-crime ligados directamente à droga, as sequências iniciadas pelo consumo revelam um desenvolvimento marcado essencialmente pelo tráfico-consumo e pelo tráfico, assim como pela violação de valores de natureza patrimonial, com recurso por vezes à já referida falsificação. Já os casos em que o primeiro registo-crime da trajectória está associado ao comércio ilegal da droga na dimensão da oferta, não se regista qualquer registo-crime de consumo, sendo que a tendência de desenvolvimento se centra em registos-crime pertencentes ao grupo de crimes a partir do qual se iniciou, havendo no entanto em algumas trajectórias uma significativa complementaridade com registos-crime pertencentes a grupos de crimes cujo móbil se centra na apropriação ilícita de património.

A efectivação no decurso do processo delitivo de registos-crime pertencentes ao grupo de crimes Emissão de Cheque Sem Provisão resulta de uma forte probabilidade de terem sido precedidos por registos-crime do mesmo tipo, ou então de terem sido precedidos, embora com grau de probabilidade bastante menor, por registos-crime pertencentes aos grupos de crimes Contra o Património Sem Violência e De Falsificação. Efectivamente, tal facto também se confirma quando nos remetemos para análise das trajectórias iniciadas por esse tipo de grupo de crimes, havendo apenas um número residual de trajectórias, e muito pouco expressivo, em que a droga se inscreve nessas sequências.

No âmbito da categoria *Reincidente*, não existe qualquer registo-crime pertencente ao grupo de crimes Contra a Vida que lhe esteja associado, assim como também não se constata qualquer trajectória que se inicie com registos-crime pertencentes ao grupo de crimes De Natureza Sexual, no entanto na sequência transgressiva das trajectórias desta categoria tipo de delinquente, o único registo-crime identificado como pertencente ao grupo de crimes De Natureza Sexual é precedido por um registo-crime pertencente ao grupo de crimes Não Especificados, e por isso impossível de determinar o tipo de crime que o precede.

No que se reporta ao grupo de crimes Contra a Integridade Física e Liberdade Pessoal, não existem quaisquer registos-crime pertencentes a esse grupo de crimes na categoria *Reincidente*.

Quando ocorrem registos-crime pertencentes ao grupo de crimes Contra o Património Com Violência, estes maioritáriamente são precedidos por registos-crime referentes aos grupos de crimes Tráfico--Consumo e Tráfico de Droga, e Contra o Património Com Violência. Todavia, se nos detivermos sobre as sequências transgressivas de trajectórias iniciadas pelo grupo de crimes em causa verificamos que ambos os grupos, mais representados como potenciais preditores da ocorrência de registos-crime Contra o Património Com Violência, não se verificam. Os grupos de crimes que compõem a única trajectória iniciada pela violação de valores patrimoniais com violência, são os grupos de crimes Contra o Património Sem Violência, De Falsificação e Consumo de Droga. Esta aparente descoincidência funda-se na constatação de em poucas trajectórias, de todas as categorias da variável Tipo de Delinquente, o grupo de crimes Contra o Património Com Violência se assumir como primeiro registo na trajectória. A maior parte dos registos-crime desse grupo de crimes, quando inscritos nas trajectórias das categorias tipo de delinquente, assumem outras posições que não a primeira. A violência para obtenção de um bem móvel ocorre geralmente após o cometimento de outro tipo de crime, sem recurso à violência. Não obstante o referido, e conforme já demonstrámos, e ainda desenvolveremos, tal facto não impede que se enunciem trajectórias, embora bastante diminutas, mas profundamente marcadas pela violência.

O grupo de crimes Contra o Património Sem Violência na categoria tipo de delinquente em análise revela-se também um forte preditor de si mesmo. Para além dessa circularidade preditiva, o grande grupo de crimes ligados directamente à droga, assim como o De Falsificação também demonstraram deter algum potencial preditor. Tal facto é em certa medida corroborado pelo estudo dos elementos que fazem a sequência das trajectórias criminais iniciadas pelo grupo de crimes Contra o Património Sem Violência. Efectivamente os registos-crimes mais representados nessas trajectórias correspondem essencialmente aos grupos de crimes referidos.

O potencial preditivo do grupo de crimes Contra o Património Sem Violência sobre o grupo de crimes De Falsificação tende a aumentar à medida que progredimos na escala categorial da variável Tipo de Delinquente. Efectivamente na categoria *Reincidente* o potencial preditor do referido grupo sobre o grupo de crimes em análise – De Falsificação – cresce, destacando-se logo de seguida com algum significado o grupo de crimes homónimo, e só depois os grupos de crimes ligados directamente à droga. Todavia se nos detivermos sobre a evolução sequencial das trajectórias iniciadas pelo grupo de crimes De Falsificação verificamos que o grupo de crimes mais representado e presente em quase todas as trajectórias iniciadas por esse grupo de crimes é o grupo Tráfico-Consumo e Tráfico de Droga, sendo que os grupos relacionados com a transgressão de valores patrimoniais também se inscrevem nessas trajectórias, assim como aqueles que recorrem à falsificação. A análise do grupo de crimes De Falsificação indicia que este se constitui mais como um complemento da sequência evolutiva de trajectórias caracterizadas por outros grupos de crimes, que propriamente pelas suas próprias características.

Já referimos os condicionalismos referentes aos grupos de crimes Contra o Estado, Outros Contra a Sociedade, e Outros Contra as Pessoas.

No que concerne ao grupo de crimes Contra o Estado, os dois registos-crime existentes nas trajectórias da categoria *Reincidente* situados além primeiro registo nestes percursos criminais são precedidos respectivamente pelos grupos de crimes Tráfico-Consumo e Tráfico de Droga, e Contra o Património Com Violência. Na única situação sequencial em que o grupo em causa assume o início da trajectória, todos os registos-crime que se lhe seguem pertencem ao grupo de crimes Tráfico-Consumo e Tráfico de Droga. Importa referir que todas as trajectórias que inscrevem registos-crime Contra o Estado, pertencentes à categoria tipo de delinquente em estudo, associam a essas trajectórias registos-crime pertencentes a grupos de crimes ligados directamente à droga.

No compito geral do conjunto de registos-crime pertencentes à categoria *Reincidente* nenhum registo-crime pertencente ao grupo de crimes Outros Contra a Sociedade se posiciona como primeiro registo nas trajectórias dessa categoria tipo de delinquente. Referente aos índices de predição de registos-crime pertencentes ao grupo de crimes em análise, nos casos identificados o grupo de crimes que revelou deter maior potencial preditivo sobre o grupo em causa é o grupo De Falsificação, sendo que os grupos de crimes Contra o Património Sem e Com violência também revelaram deter, embora com potencial inferior, tendencialmente capacidade preditiva.

Centrando-nos nos registos-crime pertencentes ao grupo de crimes Outros Contra as Pessoas, constata-se que dos dois registos-crime existentes na categoria *Reincidente*, um ocupa a posição de primeiro registo na trajectória, sendo esta dominada maioritariamente por registos-crime ligados à droga, e minoritariamente ao grupo de crimes Contra o Património Sem Violência. Tal tendência é em certa medida corroborada pelo outro registo-crime existente na categoria tipo de delinquente em análise, o qual na trajectória em que se inscreve é precedido por um registo-crime directamente ligado à droga, trajectória na qual se incluem outros registos-crimes pertencentes ao grupo de crimes Contra o Património Sem Violência.

A categoria *Crónico*

O estudo da categoria *Crónico* revelou-nos que quando ocorrem nas sequências delitivas deste tipo de delinquente registos-crime pertencentes ao grande grupo de crimes ligados directamente à droga a maior parte dos registos-crime que os precedem tendem a serem precedidos por registos-crime da mesma natureza, ou então, embora com um grau menor de probabilidade, por registos-crime pertencentes aos grupos de crimes Contra o Património, incluindo o recurso à falsificação. Todavia se nos centrarmos apenas nas trajectórias iniciadas por registos-crime dos grupos de crimes conotados directamente com a droga verificamos que no caso estrito do consumo não existe qualquer trajectória iniciada com esse grupo de crimes, e no caso das sequências delitivas iniciadas por registos-crime conotados com a actividade de tráfico a grande maioria dos registos-crime que compõem essas trajectórias pertencem ao grupo de crimes a partir do qual se iniciaram.

Neste tipo de delinquente também constatámos que nas suas trajectórias quando se inscrevem registos-crime pertencentes ao grupo de crimes Emissão de Cheque Sem Provisão, na maioria das situações da sequência delitiva verificou-se serem precedidos por outro registo-crime do mesmo grupo de crimes a que pertencem, sendo que de modo menor se identificaram de forma significativa registos-crime pertencentes a grupos de crimes Contra o Património. Se efectuarmos o seguimento analítico da evolução das trajectórias iniciadas com registos-crime do grupo de crimes em causa, há semelhança do que constatámos nas outras categorias tipo de delinquente, também nesta se verifica um predomínio sequencial de registos-crime do grupo de crimes do qual se iniciaram, todavia em menor grau, pois existe um aumento do número de registos-crime no percurso delitivo principalmente pertencentes aos grupos de crimes Contra o Património Sem Violência, e De Falsificação. A droga nestas trajectórias assume uma expressão residual.

Conforme temos vindo a referir não existe qualquer registo-crime pertencente ao grupo de crimes Contra a Vida associado às categorias tipo de delinquente analisadas anteriormente. Na categoria *Crónico* apenas existe um registo-crime pertencente a esse grupo de crimes, inscrevendo-se como primeiro registo na sequência de uma das trajectórias. Após ao atentado à vida, os registos-crime que dominam a trajectória pertencem essencialmente aos grupos de crimes Contra o Património Sem Violência e De Falsificação, e em menor expressão ao grupo de crimes Emissão de Cheque Sem Provisão.

Os registos-crime pertencentes ao grupo de crimes De Natureza Sexual inscritos nas trajectórias da categoria *Crónico* revelam três grupos de crimes que se constituem precedentes desse tipo de registo-crime, são eles o próprio De Natureza Sexual, Contra a Integridade Física e Liberdade Pessoal, e Outros Contra a Sociedade. Se nos detivermos na única trajectória desta categoria tipo de delinquente iniciada pelo grupo de crimes em análise, verificamos que a composição de registos-crime que a constituem coincidem com os grupos de crimes referidos.

No total da sub-amostra das trajectórias pertencentes à categoria *Crónico* não se registam quaisquer sequências delitivas iniciadas pelo grupo de crimes Contra a Integridade Física e Liberdade Pessoal. Tal facto não obsta a que hajam registos-crime desse grupo de crimes inseridos em determinados momentos da evolução delitiva deste tipo de delinquente. Efectivamente, nas situações em que registos-crime do tipo em causa foram identificados constatou-se que eram precedidos ora por registos-crime pertencentes ao grupo de crimes homónimo, ora pelo grupo de crimes De Natureza Sexual.

O grupo de crimes Contra o Património Com Violência quando se exprime na categoria *Crónico* é na maioria das situações essencialmente precedido por registos-crime pertencentes aos grupos de crimes Contra o Património Sem e Com Violência. Conforme já referimos no ponto referente à categoria *Reincidente*, os registos-crime do grupo de crimes Contra o Património Com Violência raramente iniciam a sequência delitiva de uma trajectória. No caso da categoria *Crónico* apenas se identificou uma trajectória criminal iniciada por esse grupo de crimes, sendo que se de início e no desenvolvimento das primeiras sequências os registos-crime que predominam na sequência são os relacionados com a violação de um bem patrimonial, a continuidade desenvolvamental delitiva da trajectória centra-se essencialmente no consumo de droga, culminando com o regresso à predação patrimonial.

No âmbito do estudo efectuado ao grupo de crimes Contra o Património Sem Violência, conclui-se que o maior índice de predição deste grupo de crimes sobre si mesmo é revelado na categoria *Crónico*. Realmente é nesta categoria tipo de delinquente que se verificaram os maiores valores de índice de predição do grupo de crimes Contra o Património Sem Violência sobre si mesmo. A relevância é de tal forma forte que apenas destacaremos o grupo de crimes De Falsificação, como detendo algum, embora diminuto, potencial preditivo. A tendência mantém-se mesmo quando apenas nos debruçamos sobre o estudo evolutivo das trajectórias criminais iniciadas por registos-crime pertencentes ao grupo em causa. Efectivamente a influência que os registos-crime do grupo denotam sobre os seus semelhantes mantém-se estável, assistindo-se a um ligeiro decréscimo, proporcional ao total de registos-crime que compõem essas trajectórias, relativo ao número de registos-crime pertencentes ao grupo de crimes De Falsificação, assim como ao aumento nessas sequências delitivas do número de registos-crime pertencentes aos grupos de crimes directamente relacionados com a droga, e à presença não negligenciável de alguns registos-crime conotados com o grupo de crimes Contra o Património Com Violência.

Na categoria *Crónico*, a constatação de que o grupo de crimes Contra o Património Sem Violência se constitui como o elemento preditor por excelência do grupo de crimes De Falsificação torna-se inabalável. Efectivamente, é nesta categoria tipo de delinquente que o índice de predição do grupo de crimes De Falsificação ligado ao grupo de crimes Contra o Património Sem Violência assume maior expressão. Todos os outros ficam aquém do registado para esse grupo de crimes, sendo que seria de destacar com algum significado expressivo os grupos de crimes por ordem decrescente: o próprio De Falsificação, Emissão de Cheque Sem Provisão, e os grupos ligados directamente à droga. A análise aos grupos de crimes com potencial preditivo sobre o grupo de crimes De Falsificação é de certo modo corroborada pelo estudo sequencial da evolução delitiva das trajectórias iniciadas com registos-crime desse grupo. Os dados indicam que nas duas trajectórias identificadas como iniciadas por registos-crime do grupo em causa, existe uma elevada percentagem de registos-crime pertencentes ao grupo de crimes Contra o Património Sem Violência, sendo que em ambas também se inscrevem registos-crime pertencentes aos grupos de crimes ligados directamente à droga, à falsificação, e à transgressão de valores do Estado.

Decorrente da interpretação dos dados, julgamos que o grupo de crimes De Falsificação poderá ser perspectivado como uma forma criminal sofisticada, na medida em que quase sempre é precedida por experiências predatórias ligadas ao grupo de crimes Contra o Património Sem Violência. Este facto indicia que tendencialmente não existem trajectórias criminais estritamente ligadas à falsificação; a falsificação seria um estado evolutivo a partir de outros grupos de crimes. Se procedermos à revisão do acompanhamento efectuado nas categorias tipo de delinquente precedentes constatamos que este grupo de crimes aparenta constituir-se num complemento sequencial e evolutivo de sequências delitivas essencialmente marcadas por outros grupos de crimes.

Não nos parece exagerado voltarmos a referir que a análise respeitante aos grupos de crimes que de seguida exploraremos, enquadrados na categoria *Crónico*, possuem a fragilidade das variáveis estruturadas por poucas frequências. Todavia, a baixa frequência de registos-crimes desses grupos de crimes no espectro categorial da variável Tipo de Delinquente detém determinado significado que importa salientar. As interpretações sobre a carga de significação que esses grupos de crimes encerram nos processos delitivos de cada tipo de delinquente, assim como de outras questões centrais no presente projecto, têm sido objecto de exploração ao longo de todo o trabalho. No capítulo seguinte – Discussão Final-Conclusão – efectuaremos uma súmula integrativo-articulada dessas interpretações. Por ora, importa regressarmos à análise dos índices de predição sobre os grupos de crimes Contra o Estado, Outros Contra a Sociedade, e Outros Contra as Pessoas.

Reportando-nos ao índice de predição do grupo de crimes Contra o Estado, constata-se que cerca de ½ dos casos são precedidos pelo grupo de crimes Contra o Património Sem Violência, sendo também de destacar o grupo de crimes Tráfico-Consumo e Tráfico de Droga. Seguindo a evolução sequencial do grupo em estudo quando assume a posição de primeiro registo nas trajectórias, nas quais apenas identificámos uma, a totalidade dos registos-crime que se lhe seguiram pertenciam todos ao grupo de crimes Tráfico-Consumo e Tráfico de Droga. Não obstante a última constatação há que sublinhar que na categoria tipo de delinquente a que nos reportamos, a inserção de registos-crime pertencentes ao grupo em análise não se restringe ao referido ligado à droga, os registos pertencentes ao grupo Contra o Estado inserem-se frequentemente, nos limites da sua dimensão frequencial, em trajectórias onde coexistem vários outros grupos de crimes que não chegam a ter uma relação preditiva directa sobre esse grupo de crimes.

No que respeita ao grupo de crimes Outros Contra a Sociedade, verifica-se que o índice de predição desse grupo se divide pelos grupos de crimes Contra a Integridade Física e Liberdade Pessoal, e Contra o Património Sem Violência. O grupo de crimes em análise existe apenas em duas trajectórias da categoria *Crónico* sendo que numa ocupa a posição de primeiro registo na trajectória, desenvolvendo-se esta essencialmente por registos pertencentes aos grupos de crimes Contra o Património Sem Violência e De Falsificação, havendo no entanto também registos-crime pertencentes ao grupo homónimo e ao Tráfico-Consumo e Tráfico de Droga; na outra trajectória, os registos do grupo em causa ocupam posições na sequência delitiva além primeiro registo na trajectória, sendo esta essencialmente dominada por registos-crime pertencentes aos grupos de crimes Contra a Integridade Física e Liberdade Pessoal, e De Natureza Sexual.

Finalmente, no que se refere ao grupo de crimes Outros Contra as Pessoas, indubitavelmente o grupo de crimes da amostra com menos frequências, há que referir que no conjunto total dos registos-crime que compõem a sequência delitiva da categoria *Crónico* apenas se inscreve aí um registo-crime pertencente ao referido grupo de crimes. Esse registo ocupa uma posição na sequência delitiva além primeiro registo na trajectória, sendo que não obstante o registo-crime que o precede pertencer ao grupo de crimes Tráfico-Consumo e Tráfico de Droga, a trajectória em que se insere é também composta por registos pertencentes aos grupos de crimes Contra o Património Sem Violência, e De Falsificação.

    Terminado o exercício de integração das dimensões regressiva e sequencial, no qual se apresentaram e discutiram as grandes tendências trajectoriais dos percursos criminais dos vários tipos de delinquentes femininos, importa tecer algumas conclusões acerca de todo o esforço intelectual desenvolvido no decurso do projecto científico que apresentamos.

Discussão Final – Conclusão

Alcançamos o termo do projecto. Este é o momento, assim como o lugar, em que se impõe que procedamos à conclusão do estudo que iniciámos há já algum tempo. O tempo constituiu-se no elemento transversal a todo o trabalho. Sem essa linha cronológica, tida como referencial, qualquer lógica sequencial perderia sentido. Assim procedemos.

Baseámos o estudo das trajectórias criminais institucionalizadas do género feminino, a partir da análise de dados inscritos, enquanto informação criminal, nas *fichas biográficas* individuais geridas pela Polícia Judiciária, e referentes a suspeitos arguidos, assim constituídos no decurso da investigação criminal. Importa sublinhar que os dados constavam do Sistema Integrado de Informação Criminal, acervo documental de informação criminal administrado pela PJ. Tal facto encerrou em si alguns limites, assim como potencialidades.

O grosso da informação criminal constante no SIIC respeita a delimitação das competências de investigação criminal que ao longo da história da PJ lhe têm sido acometidas por lei. Por outras palavras, o sistema de informações gerido pela PJ, de forma geral, possui registos de eventos de tipos de crime (relativos a processos-crime) que se inscrevem nas suas competências, constituindo por isso uma limitação. Por outro lado, o espectro de competências da PJ para investigação criminal revela-se, de algum modo, desenvolvido e amplo na abrangência criminal.

Procedemos ao esforço arqueológico de organização e sistematização de vestígios representativos do que ocorreu no passado, de factos feitos registos, indícios de significado de parte do sentido das vidas dos sujeitos. Efectivamente o projecto que propusemos, no sentido do que referimos, representa parte da história da própria PJ, sendo por isso manifestação da memória construída ao longo de anos e anos de exercício funcional. Fundamentalmente, os dados que foram objecto de análise são o resultado de anos de investigações criminais – de 1983 a 2003 – levadas a cabo pelos profissionais de investigação criminal que serviram a instituição nesse período. A sistematização que realizámos é reveladora da manifestação organizada de parte do objecto de trabalho desses profissionais, decorrente da evolução organizacional e da competência funcional da instituição Polícia Judiciária. Desse modo, poderemos afirmar que os resultados que apresentamos revelam parte do produto dos métodos de trabalho desenvolvidos na investigação criminal, no tratamento da informação criminal, dos tipos criminais abordados, e das características dos indivíduos que se constituíram no alvo das investigações conduzidas no período considerado.

A problemática do desvio foi objecto constante de análise e discussão. O desvio na sua especificidade sob a forma de crime. Não obstante as diversas abordagens explicativas do desvio, fundadas na biologia, na psique, no social, e na articulação integrativa bio psicossocial, a análise que desenvolvemos tomou essencialmente o desvio por referência à norma. Mais propriamente a norma enformada pelo imperativo jurídico que a institui como lei penal. Imperativo categórico que nos governos democráticos a todos obriga. Efectivamente esse é o espírito dos dados que nos serviram de base para o que apresentamos. Os dados dizem respeito a crimes, previsões inscritas em normas penais, imperativas, que reportam à presciência de factos que quando ocorrem desencadeiam determinada reacção sócio-juridica, coerciva, reparativa e punitiva, pelo bem transgredido. São nesse sentido, a manifestação última, em potência, dos valores fundamentais que imperam numa determinada sociedade, e que importa acautelar. A sociedade portuguesa.

O propósito de nos embrenharmos pela problemática das trajectórias criminais, suscitou que discutíssemos o método de análise longitudinal para que a opção por tal metodologia fosse esclarecida e validada. Conforme se depreende da discussão teórica em torno dos conceitos de *trajectória criminal* ou *carreira criminal* e sua abordagem longitudinal, a pertinência e a validade dos seus resultados têm sido objecto de algumas criticas entre investigadores.

Às proposições a favor enunciadas pelos estudos de Alfred Blumstein, Jacqueline Cohen e David Farrington (1988a; 1988b), opuseram-se as posições de Michael Gottfredson e Travis Hirschi (1988). No final, sem embargo da validade das premissas evidenciadas pela *teoria geral do crime*, fundada nos conceitos de *propensão para o crime* e *autocontrole* desenvolvida por Gottfredson e Hirschi (1990), concluímos pelo entendimento que o estudo de percursos criminais é susceptível de produzir conhecimento. O que nos parece incontornável, não obstante as criticas de Gottfredson e Hirschi (1988), é o facto que o estudo das *trajectórias criminais* tem possibilitado o conhecimento de diversos elementos que estão presentes em tipos distintos de *participação* e *frequência* manifestados por delinquentes activos. Na esteira de Blumstein, Cohen e Farrington (1988a; 1988b), demonstrámos que a análise da *participação* e da *frequência* funda-se, não só no interesse em compreender o que lhes está subjacente, enquanto início, duração, variabilidade e desistência, mas também nos processos de mudança que ocorrem no decurso de determinada trajectória criminal. Ao nível micro analítico, como aquele que apresentamos, foi possível determinar factos-tipo que precedem outros no decurso da estrutura sequencial delitiva.

Mas a que tipo de trajectórias é que nos referimos? Trajectórias de quem? O processo desviante, enquanto *continuum* no tempo no qual se vai materializando o significado do desvio, e no caso em concreto, do crime, estrutura-se em torno do género. Ocupou-nos o estudo de trajectórias criminais institucionalizadas, mas tão-só e apenas de mulheres. O género feminino. Mas em que sentido? De que modo situamos a mulher na sociedade portuguesa?

Tal questão incontornável obrigou que procedêssemos a uma breve resenha dos contextos em que a sociedade portuguesa se desenvolveu nas últimas décadas do século XX. A Revolução de Abril de 1974. O fim do período revolucionário – 1982 – com a instituição e revisão de inúmeros diplomas legais estruturantes para a estabilização e a consolidação do processo democrático. A plena integração de Portugal na Comunidade Económica Europeia, em 1986. A geométrica progressão da mulher na vida activa; a passagem do estado restrito ao espaço doméstico, para o espaço público, onde a vida e o futuro se discutem. São, no fundo, entre outras, manifestações da evolução do processo sócio-histórico da sociedade portuguesa no contexto da ocidentalidade europeia, que Fernando Luís Machado e António Firmino da Costa (1998) apelidaram de *modernidade inacabada*.

O desenvolvimento ocorrido nas esferas do sociopolítico e da economia suscitaram alterações nos papéis desempenhados pelo género, assim como de estatuto, quer pelo feminino, quer pelo masculino. A especificidade da criminalidade no feminino é, em certa medida, reflexo do estado de emancipação e independência da mulher face ao homem, e ao mundo dominado pelo que Pierre Bourdieu (1999) definiu como pensamento androcêntrico, cuja influência se contrai face às exigências que o mundo moderno imprime no sector da produção, e da economia, da vida privada dos indivíduos, e das famílias em geral. Com o advento da modernidade, o feminino eclode no espaço público. A criminalidade no feminino evolui em função do papel que as mulheres tendem a representar na sociedade, e por isso em concomitância com a evolução da própria sociedade, na especificidade daquilo que a todo o momento se define, espera e representa acerca do universo feminino.

Os registos policiais, enquanto instrumentos de registo e de memória de factos de natureza criminal, são reveladores de parte da alteridade que ocorre na sociedade. Nesse sentido, constituem-se num elemento privilegiado para descodificar simbolicamente os processos que vão marcando a vida dos indivíduos. O registo, enquanto acto administrativo, detém significado por referência à norma tipificada na lei penal, produzindo determinado resultado na vida dos indivíduos. É, em simultâneo, revelador do estado e da acção da estrutura sobre o corpo dos sujeitos, e a marca dessa nesses, indiciadora da repercussão que gera, encetada pelos indivíduos que proferem a delinquência face ao estatuto simbólico que adquiriram e ao modo como se posicionam face à organização da estrutura social. Indivíduo e sociedade; mulher e sistema criminal, posicionamento e estatuto; eis os eixos sobre os quais se exprime a criminalidade através do género. O género feminino.

Transformámos os dados que a investigação criminal foi coligindo ao longo dos anos, palavras inicialmente escritas em documentos ora em suporte papel, depois digitalizado, ora estritamente electrónico, em variáveis operacionáveis cuja interpretação da distribuição das frequências pelas categorias que as compõem produziu o quadro situacional que apresentamos.

Atendendo que os dados que colhemos do SIIC se centram essencialmente sobre pessoas, e factos criminais situados no tempo, susceptíveis de poderem ser tratados quantitativamente, recorremos aos trabalhos de Robert Svensson (2002) de modo a definirmos em termos teórico-metodológicos uma tipologia de delinquentes. Na esteira deste autor, procedemos à estruturação escalonada dos indivíduos que compõem a amostra em função do número de registos-crime que lhes são imputados. Decorrente desse exercício, provimos a definição de quatro categorias – *Primário* (aqueles que apenas têm associado um único registo-crime), *Ocasional* (têm associado entre dois a três registos-crime), *Reincidente* (têm associado entre quatro a oito registos-crime), e *Crónico* (têm associado mais que oito registos-crime) – pertencentes à variável denominada Tipo de Delinquente, cujos resultados apresentamos no Quadro Sinóptico constante em anexo, o qual condensa as considerações que no desenvolvimento deste ponto tomamos como mais extensas.

A representação de cada categoria tipo de delinquente no cômpito geral da amostra demonstrou ser desigual. A categoria tipo de delinquente *Primário* (47,7%) revelou-se a mais representada. A dimensão representativa dos tipos de delinquentes – *Ocasional* (26,9%), *Reincidente* (17,2%), e *Crónico* (8,2%) – vai decrescendo ao longo da estrutura categorial, em razão inversa do envolvimento delinquencial que as define.

Se nos ativermos à caracterização de cada categoria tipo de delinquente, segundo critérios sócio-culturais e geográficos, os resultados dos testes estatísticos aplicados às variáveis susceptíveis de produzirem distinção através do estado civil, habilitações literárias, profissão, sinalética, naturalidade, nacionalidade, revelaram que as frequências associadas às categorias que compõem essas variáveis quando distribuídas pelas quatro categorias tipo de delinquente demonstraram deter nenhuma capacidade de distinção. As variáveis cujos resultados estatísticos, de forma residual, demonstraram algum nível de significância, os valores obtidos a partir da aplicação de testes estatísticos situaram-nas num grau muito pouco significativo, e por isso sem capacidade explicativa sobre a diferença.

A vulnerabilidade, nesse sentido, funda-se em primeiro lugar no número reduzido de dados que foram colhidos respeitantes à sinalética imutável, às habilitações literárias e ao grupo profissional de pertença dos sujeitos da amostra, e por isso a associamos à razão de insuficiência da fonte. A segunda decorre da primeira; qualquer leitura a partir da recolha incompleta de dados de determinada natureza, é susceptível de produzir interpretações enviesadas dos factos. Por isso, no que respeita aos elementos referentes à sinalética, às habilitações literárias, e ao grupo profissional dos indivíduos, os elementos que coligimos constituem apenas indicadores do que tendencialmente a dimensão total da amostra poderá ser, assim como a população da qual decorre.

Todavia, tal facto não obstou a que procedêssemos à caracterização geral da amostra. Cerca de 2/3 dos indivíduos revelaram que no momento da última inscrição de um registo-crime na sua *ficha biográfica*, não detinham qualquer relação conjugal. A maioria nasceu em território nacional, e mesmo no caso dos estrangeiros a esmagadora maioria nasceu em países que foram ex-colónias portuguesas. O mesmo se passa quando nos referimos à nacionalidade, sendo que a maioria dos estrangeiros ora são cidadãos dos PALOP, ora do Brasil, havendo um número bastante residual de indivíduos com cidadania pertencente a outros países de outros continentes, incluindo a Europa.

Relativamente à sinalética imutável e pertença étnica dos sujeitos, a hegemonia da cor branca reforça os dados precedentes, seguindo-lhe em termos de representatividade a etnia cigana, a cor preta, e finalmente, porque residual, a indefinida categoria *outras*.

No que respeita aos níveis de qualificação escolar e profissional, os dados revelam que a amostra é essencialmente dominada por mulheres pouco escolarizadas que detêm profissões ou condições perante o trabalho pouco qualificadas, potencialmente pertencentes a estratos sociais populares, caracterizados por baixas condições de existência. Em certa medida, o perfil sociológico das mulheres que constituem a amostra tende a aproximar-se do perfil determinado por Manuela Ivone Cunha (2002) referente à população feminina em situação de reclusão nos estabelecimentos prisionais da Direcção Geral dos Serviços Prisionais.

Mas de que forma e em que momento é que essas mulheres exprimem a delinquência? Em que momentos no tempo de vida dos indivíduos podemos afirmar que tendencialmente se iniciaram as trajectórias criminais dos sujeitos da amostra? Importa frisar que os momentos determinados no estudo, não podem ser confundidos com o momento de activação, ou de início da expressividade comportamental delinquente. Conforme fomos referindo ao longo do desenvolvimento de todo o projecto, os dados sobre os quais nos debruçámos possuem especificidades, de igual modo se passa com toda e qualquer fonte, limitações subjacentes à sua natureza. Desse modo, tratando-se de registos policiais, não podemos referir que a data que marca determinada trajectória institucionalizada, se trata do momento em que certo sujeito iniciou a sua trajectória delinquente. Refere o momento em que a entidade que exerce a função de controlo social tomou conhecimento do facto, identificando o indivíduo a quem foram imputados indícios de responsabilidade pela concretização do facto desviante.

Nesse sentido, no que respeita à idade em que foi inscrito o primeiro registo-crime nas *fichas biográficas* dos sujeitos, constatou-se que na maioria dos indivíduos a inscrição do primeiro registo-crime ocorreu no período entre os 22 e os 30 anos de idade.

Para além do número mínimo de registos-crime que compõem e definem a estrutura categorial de cada tipo de delinquente, a especificidade da amostra começou a revelar-se a partir da análise da ocorrência dos registos-crime no tempo, ao longo da idade dos sujeitos. É um facto, indubitável, que para o grosso da amostra a inscrição do primeiro registo-crime ocorreu no período considerado. Todavia, se nos reportarmos ao estudo dos indivíduos estruturados a partir da categorização Tipo de Delinquente (*Primário*, *Ocasional*, *Reincidente*, e *Crónico*), constatamos que os potenciais percursos criminais dos indivíduos demonstram traços heterogéneos que os distinguem em função da categoria tipo de delinquente de pertença. À medida que procedemos à observação da inscrição do primeiro registo-crime no tempo, da categoria *Primário*, menos envolvida no crime, à categoria *Crónico*, mais envolvida no crime, constata-se que os indivíduos que possuem maior número de registos-crime associados à sua *ficha policial* tendem a ter inscrito mais precocemente o primeiro registo-crime, que aqueles que possuem menos registos-crime. Estes últimos tendem a ter inscrito mais tardiamente nas suas *fichas biográficas*, o primeiro, e por vezes o único registo-crime que lhes foi associado.

Ao nos reportarmos ao número de residências associadas a cada categoria tipo de delinquente, constatámos que as categorias *Reincidente* e *Crónico*, por comparação às categorias *Primário* e *Ocasional*, são aquelas que indiciam ter associado aos seus registos policiais maior número de residências. Todavia, tal facto não é necessariamente revelador de maior mobilidade residencial. Os dados demonstraram que não obstante a similitude do nível de mobilidade residencial entre as categorias *Ocasional, Reincidente* e *Crónico*, que no máximo, concentram a sua mobilidade residencial nos limites de concelhos contíguos e pertencentes ao mesmo distrito, a última categoria tipo de delinquente é aquela que maior percentagem relativa de frequências apresentou associadas a uma mobilidade residencial situada ao nível de vários distritos.

No caso da categoria *Primário*, para além da maioria dos indivíduos situarem a sua mobilidade residencial nos limites do mesmo concelho, constatámos que esta categoria encerra em si certa especificidade. É a categoria tipo de delinquente que apresenta maior número de indivíduos a residirem no estrangeiro e a moverem-se entre diferentes países. Tal mobilidade é explicada pelo facto dessa categoria tipo de delinquente integrar no seu volume de frequências 63,0% do total de indivíduos com nacionalidade estrangeira existentes na amostra, geralmente associados à droga, ou à falsificação de documentos, ora provavelmente agindo como *correios* de droga, ora ligados à imigração ilegal.

A mobilidade residencial dos vários tipos de delinquentes tende a estabelecer uma ténue mas vincada correspondência com a estrutura delinquencial que define cada categoria tipo de delinquente, distinguindo-as. E no que respeita ao período de duração das trajectórias? Conterão relação proporcional entre o período de manifesta actividade e o número de registos-crime que enformam as várias categorias tipo de delinquente?

O tipo de delinquente *Primário* revelou uma estreita coincidência relacional com a sua própria estrutura delinquencial. Efectivamente, todos os indivíduos desta categoria apresentam uma trajectória *pontual*, extremamente limitada no tempo, caracterizada por apenas 1 dia. O tipo de delinquente *Ocasional* revelou-se a única categoria da variável Tipo de Delinquente que apresenta frequências em todas as categorias da variável Intervalo entre o 1.º Registo e o

Último, sendo por isso referida como tendo trajectórias *intermitentes*. Todavia, as trajectórias desta categoria são essencialmente caracterizadas pelos períodos que se situam no intervalo de 1 a 6 anos.

As categorias *Reincidente* e *Crónico* são os tipos de delinquentes que apresentam as trajectórias mais longas no tempo, tendo sido denominadas de *persistentes* e *duradouras*. A maioria dos sujeitos que integram a primeira categoria tipo de delinquente referida tendem a concentrar a duração das suas trajectórias criminais no intervalo de tempo de 2 a 10 anos, denotando-se que incluso nesse grande grupo importa destacar um menor que distribui as suas frequências no intervalo de tempo compreendido entre 6 a 10 anos. De igual modo a categoria *Crónico* revela trajectórias que se prolongam no tempo, sendo que os períodos dominantes se situam no intervalo entre os 6 e os 15 anos.

Já referimos as diferenças que distinguem os vários tipos de delinquentes, ora relativas à idade dos sujeitos em que ocorreram as inscrições dos primeiros registos-crime efectuados pela PJ, ora à evolução dos indivíduos no plano da mobilidade residencial, ora, no plano da duração da potencial trajectória criminal, calculada a partir da diferença entre as datas que fixam o último e o primeiro registoscrime. Face a tais constatações importou também determinar que mobilidade criminal é que as diferentes categorias tipo de delinquente manifestavam ao longo da duração das suas trajectórias criminais.

Nesse sentido, constatou-se que a categoria *Primário* caracteriza-se essencialmente por revelar baixa mobilidade criminal, em razão da constituição da estrutura delinquencial que define a própria categoria, concentrando a maioria dos únicos registos-crime nos limites do mesmo concelho. Os poucos casos de mobilidade criminal mais alargada associados a este tipo de delinquente, inscrevem-se no máximo, ao círculo geográfico de vários países, denotando-se uma vez mais a pertença da maioria dos estrangeiros a esta categoria tipo de delinquente. A justificação não se restringe à característica nacionalidade, estendendo-se também aos tipos de crime que geralmente estão associados a esses casos: tráfico de droga internacional e uso de documento de identificação falso. Efectivamente, a maior parte dos poucos casos que indiciam formas de criminalidade transnacional, são protagonizados por mulheres de nacionalidade estrangeira.

Na sequência da tendência demonstrada pela categoria *Primário*, os tipos de delinquentes *Ocasional, Reincidente,* e *Crónico*, manifestam uma tendente evolução da mobilidade criminal em razão do seu envolvimento no crime. Nesse sentido, a mobilidade criminal do tipo de delinquente *Ocasional* concentra-se essencialmente nos limites do mesmo concelho, podendo alargar-se a diferentes concelhos pertencentes ao mesmo distrito, e extraordinariamente a vários distritos. Os tipos de delinquentes *Reincidente* e *Crónico* demonstraram uma mobilidade criminal mais alargada, centrada fundamentalmente em vários distritos, ou em vários concelhos do mesmo distrito, restringindo-se em certos casos ao mesmo concelho, e estendendo-se extraordinariamente a diferentes países.

O envolvimento no crime implica a susceptibilidade de reacção penal sobre o agente que manifesta esse tipo de comportamento. Na amostra em estudo determinámos que no cômputo geral 31,7% dos indivíduos experimentaram pelo menos uma situação de privação da liberdade. Na sequência das proposições que temos vindo a enunciar, resultado da interpretação que a sistematização dos dados permitiram, as trajectórias *iniciadas* mais precocemente, de mobilidade residencial e criminal mais elevadas, assim como de duração mais dilatada no tempo, correspondem maiores índices de privação da liberdade e de prisão efectiva. Referimo-nos essencialmente às categorias *Reincidente* e *Crónico*. Efectivamente, as situações de privação da liberdade, traduzidas pelos estados jurídicos de detenção, prisão preventiva, e cumprimento de pena de prisão, marcam mais de metade dos indivíduos pertencentes a estas categorias, alcançando no tipo de delinquente *Crónico* ¾ da dimensão desse grupo. Tanto a categoria *Primário*, como *Ocasional*, apresentam percentagens substancialmente mais baixas, em certa medida condicentes com as características criminogeneas que ambas apresentam.

O processo penal culmina com a pronúncia de decisões, podendo em última instância terminar com a decisão de cumprimento de pena de prisão. Pena de prisão efectiva. Nessa situação constatámos que 15,1% dos indivíduos que compõem a amostra ter-lhes-à sido decretado pelo menos uma pena de prisão efectiva. Essa proporção de indivíduos constitui um subgrupo daqueles que sofreram pelo menos uma situação restritiva da liberdade. Embora numa menor escala, verifica-se ao longo das várias categorias tipo de delinquente, a mesma ordem escalonada da associação dessas categorias à problemática do cumprimento de pena de prisão. As categorias *Reincidente* e *Crónico* são as que em maior número experienciaram esse tipo de situação, correspondendo, respectivamente, cerca de ¼, e 2/5 dos totais dessas categorias tipo de delinquente. Há que salientar que nos casos em que se detectaram o cumprimento de mais que uma pena de prisão efectiva, se destaca o tipo de delinquente *Crónico*, com cerca de ¼ dos indivíduos pertencentes a essa categoria a revelarem ter experimentado pelo menos duas situações restritivas dessa natureza.

No cômputo total de registos-crime foram identificadas 966 frequências imputadas à globalidade da amostra constituída por 331 indivíduos. Importa voltar a referir que o estudo incide estritamente sobre o género feminino, especificamente sobre a manifestação criminal de mulheres. Estudos desenvolvidos por vários autores (Stattin, Magnusson e Reichel, 1989; Hatch e Faith, 1990; Laberge e Roy, 1990; Rutter, Giller e Hagell, 1998; entre outros) concluem pela existência de uma nítida clivagem entre a expressividade criminogenea feminina e masculina. Aqui tratámos apenas de esboçar uma espécie de diagnóstico situacional de parte da criminalidade no feminino.

Mencionada a dimensão frequencial de registos-crime expressa pelos sujeitos, importa referir que tomada a amostra como um todo, os grupos de crimes mais representados, por apresentarem maior número de frequências, podem ser elencados por ordem decrescente: Contra o Património Sem Violência, Tráfico-Consumo e Tráfico de Droga, Emissão de Cheque Sem Provisão, e De Falsificação. Conforme se pode depreender, da nomenclatura de cada grupo de crimes enunciado e dos valores que procuram acautelar, dominam a pequena delinquência predatória, geralmente sem manifestação de violência, centrada estritamente no património, ora com recurso à subtracção furtiva de bens, à astúcia e à produção de engano sobre a vitima, ora ainda recorrendo às infracções económicas e financeiras, por meio da falsificação de documentos e emissão de cheques sem provisão, assim como a criminalidade que se associa directamente à clandestinidade da droga, seja pela actividade comercial caracterizada estritamente pelo tráfico, seja pela mescla do tráfico-consumo.

Efectivamente, os grandes eixos da expressividade criminal demonstrada pela amostra corroboram as características criminogeneas do género feminino expostas pelos trabalhos de Alison Hatch e Karlene Faith (1990), assim como os conduzidos por Danielle Laberge e Shirley Roy (1990). A criminalidade aquisitiva, sem emprego da força física, e o significativo vector da droga, constituem à partida os principais marcos da criminalidade manifestada por mulheres.

Não obstante a forte representatividade que esses grupos de crimes assumem na amostra, outros grupos de crimes, de menor representatividade, revelam expressões significativas na manifestação da criminalidade feminina. São os casos, por ordem decrescente: Consumo de Droga, Contra o Património Com Violência, Outros Contra a Sociedade, Contra o Estado, Contra a Integridade Física e Liberdade Pessoal, Natureza Sexual, Contra a Vida, e Outros Contra as Pessoas. Estes grupos de crimes representam fundamentalmente, para além da diversidade delitiva do género feminino, algumas especificidades reveladas por determinadas categorias tipo de delinquente.

Da análise que procedemos relativa à dimensão de cada categoria tipo de delinquente, constatámos que o tipo de delinquente *Primário* em termos de grupo representa 47,7% do total da amostra, ao qual lhe estão associados 16,4% dos registos-crime totais, e a média de 1,0 registos-crime por indivíduo. A lógica relacional referida para a categoria *Primário*, quando reportada aos tipos de delinquentes *Ocasional*, *Reincidente* e *Crónico*, constata-se que concomitante à tendente diminuição da população relativa a cada tipo de delinquente, por relação ao crescendo da estrutura delinquencial de cada uma, à medida que o número de indivíduos de pertença a cada categoria decresce, denota-se no número de registos-crime que lhes estão associados uma tendência inversa, assim como na média de registos--crime imputados a cada sujeito pertencentes a cada uma das categorias.

Desse modo, no que respeita à relação existente entre a dimensão de cada uma das categorias, a percentagem de registos-crime associados, e a média de registos-crime imputados a cada sujeito, verifica-se a clara distinção, respectivamente: 26,9%, 21,8%, 2,4 (na categoria *Ocasional*); 17,2%, 30,2%, 5,1 (na categoria *Reincidente*); 8,2%, 31,6%, 11,3 (na categoria *Crónico*). A contrastar com o tipo de delinquente *Primário*, os elementos associados à categoria *Crónico* demonstraram que ao menor grupo tipo de delinquente estão associados os maiores valores respeitantes ao número de registos-crime e à média de registos-crime imputados a cada indivíduo.

Reportando-nos à associação distributiva dos diversos grupos de crimes pelas categorias tipo de delinquente, os dados demonstraram que no universo total de registos-crime imputados aos indivíduos da amostra, destacam-se três grandes grupos de crimes: Crimes Associados Directamente à Droga, Crimes De Falsificação e de Emissão de Cheque Sem Provisão, e Crimes Contra o Património. Sendo também de destacar que cerca de 92% da totalidade das trajectórias em estudo, não apresentam quaisquer registos-crime conotados necessariamente com a manifestação de agressividade ou violência. Todavia, a distribuição frequencial revela que entre as categorias *Primário*, *Ocasional*, *Reincidente* e *Crónico*, existem especificidades que as distinguem.

A estrutura sequencial delitiva do tipo de delinquente *Primário*, demonstrou predomínio, por ordem decrescente, de registos-crime pertencentes aos grandes grupos de crimes: Crimes De Falsificação e de Emissão de Cheque Sem Provisão, Crimes Associados Directamente à Droga, e Crimes Contra o Património. Por outro lado, esta categoria tipo de delinquente apresenta algumas especificidades, essencialmente no que toca ao grupo de crimes Contra a Vida, estando-lhe associados 83,3% da totalidade das frequências desse tipo grupo de crimes, todavia tal facto não nos parece que seja revelador que esse tipo de delinquente seja particularmente violento. Efectivamente apenas 3,2% das trajectórias pertencentes à categoria *Primário* é que apresentam registos-crime pertencentes ao grupo de crimes Contra a Vida.

A categoria *Ocasional*, relativamente aos grandes grupos de crimes, manifesta uma tendência criminogenea similar ao tipo de delinquente precedente. No caso desta categoria, a ordem que esses grupos de crimes assumiram, por relação à que apresentaram na categoria *Primário*, altera-se pelo movimento ascensional dos Crimes Associados Directamente à Droga. Não obstante se reafirmar a tendência geral verificada em todas as categorias tipo de delinquente, centrada nos três grandes grupos de crimes, da qual se excepciona apenas a ordem representativa que cada grande grupo de crimes assume na estrutura sequencial e delitiva de cada categoria tipo de delinquente, em todas as categorias dessa variável se constatam especificidades.

A especificidade do tipo criminal *Ocasional*, revelou-se pela presença significativa de registos-crime pertencentes aos grupos de crimes Contra a Integridade Física e Liberdade Pessoal (42,9% da totalidade das frequências desse grupo de crimes), e De Natureza Sexual (28,6% da totalidade das frequências desse grupo de crimes). Importa frisar que esses grupos de crimes apenas se manifestaram, respectivamente, em 3,4% e 2,2% das trajectórias pertencentes ao tipo de delinquente em questão.

Nos casos referentes aos tipos de delinquentes *Reincidente* e *Crónico*, a ordem assumida pelos três grandes grupos de crimes é diferente da revelada nas categorias precedentes. Os Crimes Contra o Património assumem a primazia, sendo que os outros dois grandes grupos de crimes – Crimes Associados Directamente à Droga, e Crimes De Falsificação e de Emissão de Cheque Sem Provisão – assumem posições diferenciadas na estrutura ordenada das trajectórias criminais de ambas as categorias tipo de delinquente. Enquanto que os Crimes Associados Directamente à Droga e os Crimes De Falsificação e de Emissão de Cheque Sem Provisão assumem na categoria *Reincidente* as posições respectivas de 2.º e 3.º lugar, na categoria *Crónico* invertem a ordem referida.

No que concerne às especificidades do tipo criminal *Reincidente*, 66,7% e 40,9% da totalidade das frequências pertencentes respectivamente aos grupos de crimes Outros Contra as Pessoas, e Contra o Património Com Violência, manifestaram-se respectivamente em 3,5% e 10,5% das trajectórias criminais desse tipo de delinquente.

À semelhança da categoria anterior, também a categoria *Crónico* se reveste de alguns aspectos de especial peculiaridade, em particular o facto de os grupos de crimes, Contra a Integridade Física e Liberdade Pessoal, e De Natureza Sexual, inscreverem o mesmo valor percentual (57,1%), enquanto proporção de frequências pertencentes aos totais desses grupos de crimes, presentes de forma igual em 3,7% das trajectórias criminais do tipo *Crónico*, assim como a manifestação de 36,4% da totalidade das frequências pertencentes ao grupo de crimes Contra o Património Com Violência, presentes em 18,5% das trajectórias criminais deste tipo de delinquente.

A ameaça e a violência, embora de expressão residual, são elementos transversais a qualquer das categorias tipo de delinquente. O atentado à vida manifesta-se de forma expressiva na categoria *Primário*. A afectação da integridade física e da liberdade pessoal, assim como a autodeterminação e liberdade sexual, frequentemente associados, tendem a manifestar-se significativamente nas categorias *Ocasional* e *Crónico*. A única manifestação criminal directamente associada à subtracção violenta de bens patrimoniais, apresenta expressividade significativa nos tipos de delinquentes *Reincidente* e *Crónico*.

Reportando-nos ao resultado da articulação interpretativa dos exercícios regressivo e sequencial tomados como um todo, na plenitude da inscrição de cada grupo de crimes em qualquer trajectória criminal de cada tipo de delinquente, demonstrámos que em certas trajectórias é possível predizer determinadas tendências da sequência delitiva, ora comuns a todos os tipos de delinquentes, ora dissemelhantes entre esses, e por isso reveladores da especificidade das diversas categorias da variável Tipo de Delinquente.

Conforme ficou demonstrado, o tipo de delinquente *Primário*, pela estrutura categorial que o caracteriza, organiza as suas trajectórias em torno de um único registo-crime. Por isso as denominámos como sendo *pontuais*. Todavia, é na amplitude das trajectórias criminais dos tipos de delinquentes *Ocasional*, *Reincidente*, e *Crónico*, que a sequência das frequências dos diversos grupos de crimes assume maior expressividade. É centrada nestas três últimas categorias da variável Tipo de Delinquente que procedemos à exploração interpretativa das sequências que se revelaram com potencial preditivo, e caracterizador das trajectórias desses tipos de delinquentes.

Efectivamente, no que se refere ao poder preditivo dos grupos de crimes relacionados directamente com a droga, com a emissão de cheque sem provisão, e aqueles que afectam o património sem recurso à violência, denotaram-se fortes semelhanças entre as trajectórias criminais dos tipos de delinquentes referidos. Poder preditivo sobre si mesmos, assim como sobre outros grupos de crimes. Dito de outro modo, após a ocorrência de um registo-crime de um dos grupos de crimes referidos, tenderia a seguir-se-lhe outro da mesma natureza, e por isso pertencente ao mesmo grupo de crimes no qual decorre a sequência delitiva.

Nas trajectórias em que se manifestou uma significativa presença da droga, denotou-se a existência de outros grupos de crimes que também detêm potencial preditor sobre a droga, especificamente conotados de forma estrita com a apropriação ilícita de património sem violência, e em certos casos com recurso à falsificação. Na categoria *Crónico* constatou-se que as trajectórias que demonstraram uma forte presença frequencial de registos-crime de droga, demonstravam uma tendente estrutura delinquencial vincada por uma certa especialização no domínio do tráfico e do tráfico-consumo. Todavia, droga e afectação ilícita de património são esferas que caminham frequentemente em paralelo e na mesma senda.

Tal facto, repercute-se parcialmente nas trajectórias em que se manifesta forte presença de registos-crime relacionados com a apropriação ilícita de património, ora com recurso à subtracção, ora à astúcia ou ao engano. Efectivamente neste tipo de trajectórias verifica-se uma tendente dicotomia entre droga e afectação ilícita de património. No caso das trajectórias manifestadas pelo tipo de delinquente *Ocasional*, constata-se uma dicotomia inicial que se desenvolve estritamente, ora sobre a droga, ora sobre a apropriação de bens patrimoniais sem recurso à violência. Esta diferença, em certa medida, repete-se nas trajectórias das categorias *Reincidente* e *Crónico*, no entanto nestes tipos de delinquentes verifica-se em algumas trajectórias uma clara independência, na sequência delitiva, do factor droga, caracterizadas estritamente pelas predações sem quaisquer vestígios da droga. Nas restantes sequências delinquenciais a presença da droga entrelaça-se com registos-crime conotados com a apropriação ilícita de património, e a ocorrência de infracções económicas e financeiras, expressas através da falsificação e da emissão de cheques sem provisão.

Tais assunções, conduzem-nos ao encontro do estudo subordinado à relação entre droga e crime, realizado por Cândido da Agra e Ana Paula Matos (1997). Efectivamente, a relação entre droga e crime não se revela necessariamente inelutável e determinista. Não nos sendo possível pronunciar sobre o exacto momento em que tanto a droga como o crime se inscreveram nas trajectórias dos sujeitos, a análise sequencial dos factos demonstrou que não obstante a existência significativa de trajectórias criminais, nas quais se depara com a articulação existencial da droga e do crime, outras trajectórias criminais enunciam percursos em que tanto o factor droga como o elemento crime se desenvolvem de forma autónoma e independente.

Sem embargo do forte potencial preditivo que a emissão de cheque sem provisão detém sobre si mesmo, nas trajectórias criminais em que se manifesta existem outros grupos de crimes que coexistem com esse grupo de crimes. Denota-se que na maioria das trajectórias em que predominam registos-crime de emissão de cheque sem provisão a expressão da droga é bastante diminuta. No caso da categoria *Ocasional*, constata-se uma relevante independência das sequências delitivas deste grupo de crimes relativamente à droga, e à predação de património, mesmo com recurso à falsificação. De igual modo se passa nas trajectórias criminais dos tipos de delinquentes *Reincidente* e *Crónico*, todavia nessas os grupos de crimes relacionados com a afectação de património, sem violência, e com recurso à falsificação, assumem maior relevância que na categoria *Ocasional*, sendo que a droga, quando presente, revela-se muito pouco expressiva.

Ao contrário dos grupos de crimes anteriores, as situações de falsificação não são maioritariamente precedidas por registos-crime pertencentes ao seu próprio grupo de crimes. Embora o grupo de crimes de pertença constitua elemento significativo de predição na enunciação de situações de falsificação, o grupo de crimes que revela maior potencial preditivo sobre ocorrências de falsificação, é indubitavelmente a predação patrimonial sem recurso à violência; referimo-nos às subtracções de bens móveis, ora mediante a acção sub-reptícia, ora recorrendo à astúcia e ao engano. Constata-se uma forte associação entre o recurso à falsificação e a afectação patrimonial, assim como a presença frequente, mas menos significativa, de registos-crime relacionados directamente com a droga. Uma vez mais, as trajectórias criminais das categorias tipo de delinquente são atravessadas por dualidade de sentido, sendo o tipo de delinquente *Crónico*, aquele que de forma mais clara enuncia o dualismo trajectorial; no âmbito da falsificação, subsistem dois tipos de trajectórias: as primeiras, caracterizam-se pela estrita predação patrimonial, geralmente sem violência, com recurso significativo à emissão de cheques sem provisão, dispensam a presença da droga; as segundas, caracterizam-se essencialmente pela presença da droga, entrelaçada com os grupos de crimes conotados com a apropriação ilegítima de bens.

A expressividade dos valores que afectam o Estado, assim como a sociedade, revestem-se de significado quantitativo muito pouco expressivo, em particular pelo elevado número e diversidade de crimes que enformam essas categorias grupos de crimes e as baixas frequências apuradas. De qualquer modo, importa referir que independentemente do tipo de delinquente a que nos possamos referir, as trajectórias que inscrevem registos-crime pertencentes a esses grupos de crimes, são atravessadas maioritariamente por registos-crime conotados com a predação patrimonial, e de forma menor mas significativa com a presença da droga.

Em regra, a ameaça e a violência são elementos raros e espúrios. Sem embargo da proposição precedente se constituir num facto, importa sublinhar que esses elementos quando manifestados se repercutem em duas dimensões que afectam a pessoa humana. Referimo-nos aos comportamentos que visam afectar o património alheio, através da apropriação violenta de bens móveis, e a outros, que não obstante o objectivo último da acção constitua o enriquecimento ilegítimo, o meio para a sua concretização passa pela exploração e pelo abuso da dignidade humana enquanto condição de ser livre.

Decorrente da análise, depreende-se que a estrutura das trajectórias que evidenciam registos-crime conotados com indicadores de potencial ameaça e violência, indiciam que a violência quando se inscreve nas trajectórias estudadas poderá constitui-se num elemento atractor de factos que derivam da sua própria natureza.

Os resultados produzidos permitem-nos categorizar a criminalidade feminina como extensamente aquisitiva, apresentando-se ora autonomamente, ora associada aos mercados da droga. Os elementos estatísticos dos últimos anos da Direcção Geral dos Serviços Prisionais referentes aos crimes pelos quais as mulheres são condenadas a reclusão prisional corroboram a tendência dos grandes eixos do presente trabalho. Independentemente das características que marcam a amostra como um todo, demonstrámos que entre as quatro categorias de delinquentes existem especificidades que as distinguem.

Efectivamente, o estudo dos dados demonstrou que a estrutura da delinquência feminina é eminentemente resultado de parte da repercussão da posição e do estatuto do feminino na sociedade portuguesa. Em particular uma franja importante de mulheres que possuem parcos recursos habilitacionais e profissionais.

A sombra da modernidade, atravessada pelo imediatismo, e pela a ânsia de consumo, a necessidade de aquisição de objectos que simbolizam a aparente posse de determinado estatuto social, assim como a toxicomania, constituem-se no móbil que caracteriza o espectro criminal em estudo.

Tal facto, vem de algum modo, reforçar a convicção que as oportunidades para delinquir não dependem apenas e em exclusivo das capacidades físicas, psico-morais, e intelectuais dos sujeitos. Dependem também, de forma variável, dos contextos situacionais em que o indivíduo exprime a sua existência, e adere a determinadas formas de vida. Não nos parece plausível que uma simples variável ou determinada perspectiva cientifica possa explicar no seu todo, a complexidade do comportamento criminal, como se de um segredo se tratasse e assim pudesse ser desvendado. O crime inscreve-se num sistema de vida societal, no qual convergem variáveis de natureza distinta, que se interpenetram na esfera do sistema de vida do sujeito.

Referimo-nos à panóplia de formas predatórias que visam essencialmente a aquisição de bens patrimoniais, ora fazendo recurso à habilidade da subtracção, ora recorrendo à astúcia de modo a provocar engano na vitima, ora recorrendo à falsificação de documentos, ora à emissão de cheques que logo à partida não têm provisão. Por outro lado, o imediatismo dos lucros gerados pelo tráfico, associado com alguma frequência ao vício do consumo de estupefacientes e de substâncias psicotrópicas, entrelaça-se de forma estreita com formas de criminalidade que incidem sobre a depauperação do património alheio.

Recorrendo à amplitude do pensamento de Agra (obras publicadas entre 1986 e 2001), e de Canguilhem (1996), se quisermos descortinar a natureza do desvio, teremos que conhecer a estrutura normativa que o prevê; do mesmo modo, se quisermos interpretar as diversas manifestações que definimos e qualificamos como crime teremos que decifrar as tramas que se tecem na evolução sócio-política da sociedade em que ocorrem. Só desse modo, interpretando o poder simbólico de cada processo de interacção humana é que se torna possível perscrutar parte da inteligibilidade do processo desviante do qual decorre toda e qualquer manifestação delinquente.

Predações, infracções económicas, e droga, constituem a grande coluna delinquencial do género feminino, que de algum modo, embora menos representativo, se especificam através da exploração sexual, e do homicídio. Estes são os tipos delinquenciais que constituem as formas criminais que definitivamente marcam as trajectórias criminais do género feminino. Fosse outro, o modelo societal, assim como o género, e outras configurações criminais se enunciariam. Mas isso seria do âmbito de outro trabalho.

Bibliografia

Obras de referência

AGRA, Cândido da (1986a). «Projecto da Psicologia Transdisciplinar do comportamento desviante e auto-organizado» in *Análise Psicológica,* 3/4 (iv), 311-318.

AGRA, Cândido da (1986b). «Adolescência, Comportamento Desviante e Auto-organizado: Modelo de Psicologia Epistemanalítica» in *Cadernos de Consulta Psicológica,* N.º 2, 81-87.

AGRA, Cândido da (1990). «Sujet autopoiétique et transgression» in *Acteur Social et Délinquance – une grille de lecture du système de justice pénale (En hommage au Professeur Christian Debuyst),* Pierre Mardaga – Editeur, Liege, 415-425.

AGRA, Cândido da (1995). «Da Rapsódia à Sinfonia – Epistema – Os modos elementares do pensamento das drogas» in *Toxicodependências,* N.º 3, 47-59.

AGRA, Cândido da (1997a). «Ciência da Ética e Direito Penal» in *Revista do Ministério Público,* N.º 71, Lisboa, 11-32.

AGRA, Cândido da (1997b). «Droga: dispositivo crítico para um novo paradigma» in Seminário *Droga: Situação e Novas Estratégias,* promovido por Sua Ex.a. o Presidente da República, realizado em Lisboa, disponível em www.presidenciarepu blica.pt/pt/biblioteca/outros/drogas/indice.html.

AGRA, Cândido da (1998). *Entre Droga e Crime: Actores, Espaços, Trajectórias,* Lisboa, Editorial Noticias, 1.ª edição.

AGRA, Cândido da (1999). «Drogue et Crime: L'expérience portugaise» in *Revista Toxicodependências,* Ano 5, N.º 1, 25-34.

AGRA, Cândido da (2001). «Elementos para uma epistemologia da criminologia» in *Estudos em Comemoração dos cinco anos (1995-2000) da Faculdade de Direito da Universidade do Porto,* Coimbra, Coimbra Editora, 63-95.

AGRA, Cândido da, e MATOS, Ana Paula (1997). *Trajectórias desviantes,* Lisboa, Gabinete de Planeamento e Coordenação de Combate à Droga.

ALMEIDA, Rosemary de Oliveira (2001). *Mulheres que matam – Universo imaginário do crime no feminino,* Rio de Janeiro, Relume Dumará.

ANDRADE, Manuel da Costa (1993). «Sobre a reforma do Código Penal português – Dos crimes contra as pessoas, em geral, e das gravações e fotografias ilícitas, em particular» in *Revista Portuguesa de Ciência Criminal,* Fasc. 2-4, 427-497.

BARRÉ, Marie-Danièle, e POTTIER, Marie-Lys (2003). «Interpellés hier, aujourd'hui et demain. Analyse des séquences de mises en cause dans des procédures de Police Judiciaire» in *Déviance et Société,* Vol. 27, N.º 2, 131-159.

BARRETO, Alfredo (1988). «Informação judiciária: aspectos organizativos e meios de identificação» in *Revista Polícia e Justiça,* Loures, N.º 3-4, 169-191.

BECKER, Howard S. (1985). *Outsiders,* Études de sociologie de la déviance, Paris, Éditions A.-M. Métailié.

BELEZA, Maria Teresa Couceiro Pizarro (1990). *Mulheres, Direito, Crime ou A Perplexidade de Cassandra,* Lisboa, AAFDL.

BENDOR, Jonathan, e SWISTAK, Piotr (2001). «The Evolution of Norms» in *American Journal of Sociology,* Vol. 106. N.º 6, 1493-1545.

BERGER, Roland, DEGOUMOIS, Valy, HUTMACHER, Walo, e PAILLARD, René (1960). «La famille est-elle toujours l'institution de base de la société?» in *Bulletin de la Société Internationale de Criminologie* (France), 1.º semestre, 39-47.

BLUMSTEIN, Alfred, COHEN, Jacqueline, e FARRINGTON, David P. (1988a). «Criminal career research: it's value for criminology» in *Criminology,* Vol. 26. N.º 1, 1-35.

BLUMSTEIN, Alfred, COHEN, Jacqueline, e FARRINGTON, David P. (1988b). «Longitudinal and criminal career research: further clarifications» in *Criminology,* Vol. 26. N.º 1, 57-74.

BORN, Michel, e GAVRAY, Claire (2002). «Deviant Trajectories at the Turning Point between Adolescence and Adulthood» in *Drugs and Crime: Deviant Pathways,* Serge Brochu, Cândido da Agra, e Marie-Marthe Cousineau, Ashgate, 97-114.

BORRICAND, Jacques (1996). «La criminologie face à la crise des valeurs – Victimes et criminels» in *Revue Internationale de Criminologie et de Police Technique et Scientifique,* Vol. 49, N.º 2, 217-227.

BOUDON, Raymond (2002). «Penser la relation entre le droit et les mœurs» in *Revue Internationale de Criminologie et de Police Technique et Scientifique,* Vol. 55, 3-16.

BOURDIEU, Pierre (1979). *La Distinction – Critique Sociale du Jugement,* Paris, Minuit.

BOURDIEU, Pierre (1999). *A Dominação Masculina,* Oeiras, Celta Editora, 1.ª Edição.

BROCHU, Serge, AGRA, Cândido da, e COUSINEAU, Marie-Marthe (2002). «Introduction» in *Drugs and Crime: Deviant Pathways,* Serge Brochu, Cândido da Agra, e Marie-Marthe Cousineau, Ashgate, 1-6.

BRUNELLE, Natacha, COUSINEAU, Marie-Marthe, e BROCHU, Serge (2002). «Deviant Youth Trajectoires: Adoption, Progression and Regression of Deviant Lifestyles» in *Drugs and Crime: Deviant Pathways,* Serge Brochu, Cândido da Agra, e Marie-Marthe Cousineau, Ashgate, 115-135.

CANGUILHEM, Georges (1996). *Le normal et le pathologique,* Paris, Presses Universitaires de France, 6.ª édition.

CARBONNEAU, René (2002). «Developmental Trajectories Leading to Delinquency and Substance Use in Adolescence: Results from Quebec Studies» in *Drugs and Crime: Deviant Pathways,* Serge Brochu, Cândido da Agra, e Marie-Marthe Cousineau, Ashgate, 85-95.

CARVALHO, Helena (2004). *Análise Multivariada de Dados Qualitativos – Utilização da Homals com o SPSS*, Lisboa, Edições Silabo, 1.ª Edição.

CARVALHO, Maria João Leote de (2003). *Entre as malhas do desvio – jovens, espaços, trajectórias e delinquências*, Oeiras, Celta Editora.

COCKBURN, James J., e MACLAY, Inga (1965). «Sex differentials in juvenile delinquency» in *British Journal of Criminology*, Vol. 5, N.º 3, 289-308.

COCKETT, R. (1973). «Habituation to criminal behaviour» in *British Journal of Criminology*, Vol. 13, N.º 4, 384-389.

COHEN, Lawrence E., e LAND, Kenneth C. (1987). «Age structure and crime: symmetry versus asymmetry and the projection of crime rates through the 1990s» in *American Journal of Sociology*, Vol. 52, N.º 2, 170-183.

CONGER, Rand D. (1976). «Social control and social learning models of delinquent behaviour» in *Criminology*, Vol. 14, N.º 1, 17-37.

CONINCK, Frédéric de, e GODARD, Francis (1989). «L'approche biographique à l'épreuve de l'interprétation» in *Revue Française de Sociologie*, Vol. xxxi, N.º 1, 23-53.

CORRELL, Shelley J. (2001). «Gender and the Career Choice Process: The Role of Biased Self-Assessments» in *American Journal of Sociology*, Vol. 106, N.º 6, 1691-1730.

COSTA, António Firmino da (1992). *Sociologia*, Lisboa, Difusão Cultural.

COSTA, Carlos Alberto Pires (2002). *A Política Relativamente à Droga em Portugal – Estratégia dos Partidos Políticos – 1976/2000*, dissertação apresentada para obtenção do grau de Mestre em Estratégia, pelo Instituto Superior de Ciências Sociais e Políticas da Universidade Técnica de Lisboa, sob a orientação do Professor Doutor António Marques Bessa.

COURGEAU, David, e LELIÈVRE, Eva (1989). «L'approche biographique en démographie» in *Revue Française de Sociologie*, Vol. xxxi, N.º 1, 55-74.

COUSINEAU, Marie-Marthe, AGRA, Cândido da, e BROCHU, Serge (2002). «Conclusion» in *Drugs and Crime: Deviant Pathways*, Serge Brochu, Cândido da Agra, e Marie-Marthe Cousineau, Ashgate, 241-245.

CUNHA, Manuela Ivone (1994). *Malhas que a reclusão tece: questões de identidade numa prisão feminina*, Lisboa, Cadernos do Centro de Estudos Judiciários.

CUNHA, Manuela Ivone (2002). *Entre o Bairro e a Prisão: Tráfico e Trajectos*, Lisboa, Fim de Século.

CUSSON, Maurice (1981). *Délinquants pourquoi ?*, Paris, Éditeur Armand Colin.

CUSSON, Maurice (1983). *Le Contrôle Social du Crime*, Paris, Presses Universitaires de France, 1re édition.

CUSSON, Maurice (1995). «Desvio» in *Tratado de Sociologia,* Raymond Boudon, Porto, Asa, 379-411.

CUSSON, Maurice (1998). *Criminologie Actuelle*, Paris, Presses Universitaires de France, 1re édition.

DEBUYST, Christian (1962). «Criminels et valeurs vécues» in *Annales Internationales de Criminologie*, Année 1962 (1.er semestre), 23-31.

DIAS, Mário Gomes (1983). «Algumas implicações da entrada em vigor do novo Código Penal no sistema processual penal» in *Revista do Ministério Público*, N.º 13, 61-86.

DIAS, Jorge de Figueiredo (1993). «O Código Penal português de 1982 e a sua reforma» in *Revista Portuguesa de Ciência Criminal*, Fasc. 2-4, 161-195.

DURKHEIM, Émile (1977). *A Divisão do Trabalho Social*, 1.º e 2.º volume, Lisboa, Editorial Presença.

DURKHEIM, Émile (1992). *O Suicídio*, Lisboa, Editorial Presença, 5.ª edição.

DURKHEIM, Émile (1993). *As Regras do Método Sociológico*, Lisboa, Editorial Presença, 5.ª edição.

ERICKSON, Patricia G., BUTTERS, Jennifer, e GERMAN, Eric (2002). «Flexing Crack in Toronto: a Deviant Pathway for Poor, Homeless Drug Users» in *Drugs and Crime: Deviant Pathways*, Serge Brochu, Cândido da Agra, e Marie-Marthe Cousineau, Ashgate, 155-165.

EVERITT, B. S. (1977). *The analysis of contingency tables*, London: John Wiley & Sons.

EVERITT, B. S. (1996). *Making sense of statistics in psychology: a second level course*, Oxford: Oxford University Press.

FARRINGTON, David (1994). «Examen critique des influences environnementales et familiales de la délinquance» in *Criminologie*, Vol 27, N.º 1, 23-46.

FAUGERON, Claude, FICHELET, Monique, FICHELET, Raymond, POGGI, Dominique, e ROBERT, Philippe (1975). *De La Déviance et du Controle Social*, recherche réalisée avec l'aide de la Délégation Générale à la Recherche Scientifique et Technique.

FERNANDES, Luís, e NEVES, Tiago (2002). «Ethnographic Space – Time: Culture of Resistance in a 'Dangerous Place'» in *Drugs and Crime: Deviant Pathways*, Serge Brochu, Cândido da Agra, e Marie-Marthe Cousineau, Ashgate, 71-83.

FERREIRA, Manuel Cavaleiro de (1981). *Direito Penal Português – Parte Geral I*, Sociedade Científica da Universidade Católica Portuguesa, Verbo.

GAVRAY, C. (1997). «Trajectoire déviante à la lisière entre adolescence et âge adulte» in *Déviance et Société*, Vol. 21, N.º 3, 273-288.

GHIGLIONE, Rodolphe, e MATALON, Benjamin (1997). *O Inquérito – Teoria e Prática*, Oeiras, Celta Editora, 3.ª edição.

GIBBONS, Don C. (1975). «Offender Typologies – Two Decades Later» in *British Journal of Criminology*, Vol. 15, N.º 2, 140-154.

GIDDENS, Anthony (1998). «Desvio e Criminalidade» in *Jub Judice – Justiça e Sociedade*, N.º 13, 9-30.

GLUECK, Eleanor T. (1960). «Role of the Family in the Etiology of Delinquency» in *Bulletin*, Société Internationale de Criminologie, publié avec le concours du Centre National de la Recherche Scientifique (France), 1.º semestre, 13-23.

GLUECK, Sheldon, e GLUECK, Eleanor (1965). «Varieties of delinquent types» in *British Journal of Criminology*, Vol. 5, N.º3, 236-248.

GOTTFREDSON, Michael, e HIRSCHI, Travis (1988). «Science, public policy, and the career paradigm» in *Criminology*, Vol. 26, N.º 1, 37-55.

GOTTFREDSON, Michael, e HIRSCHI, Travis (1990). *A General Theory of Crime*, California, Stanford University Press, Stanford.

GREENBERG, David F. (1985). «Age, Crime, and Social Explanation» in *American Journal of Sociology*, Vol. 91, N.º 1, 1-21.

GUÉGUEN, N. (1999). *Manual de estatística para psicólogos*, Lisboa, Climepsi.

HAGAN, John, e PALLONI, Alberto (1988). «Crimes as social events in the life course: reconceiving a criminology controversy» in *Criminology*, Vol. 26, N.º 1, 87-100.

HAYNE, Dana L. (2001). «Delinquent Peers Revisited: Does Network Structure Matter» in *American Journal of Sociology*, Vol. 106, N.º 4, 1013-1057.

HALPERN, David (2001). «Moral Values, Social Trust and Inequality – Can Values Explain Crime?» in *British Journal of Criminology*, Vol. 41, N.º 2, 236-251.

HANSEN, Kirstine (2003). «Education and the Crime-Age Profile» in *British Journal of Criminology*, Vol. 43, N.º 1, 141-168.

HARRATI, Sonia, VAVASSORI, David, e FAVARD, Anne-Marie (2001). «La criminalité des femmes: données théoriques» in *Revue Internationale de Criminologie et de Police Technique et Scientifique*, Vol. 54, N.º 3, 334-348.

HATCH, Alison, e FAITH, Karlene (1989-1990). «The Female Offender in Canada : A Statistical Profile» in *Canadian Journal of Women and the Law – Revue Juridique La Femme et le Droit*, Vol. 3, N.º 2, 432-456.

HILL, Gary, e ATKINSON, Maxine P. (1988). «Gender, Familial Control and Delinquency» in *Criminology*, Vol. 26, N.º 1, 127-147.

HORNEY, Julie, OSGOOD, D. Wayne, e MARSHALL, Ineke Haen (1995). «Criminal careers in the short-term: intra-individual variability in crime and its relation to local life circumstances» in *American Sociological Review*, Vol. 60, N.º 5, 655-673.

KETELE, Jean-Marie de, e ROEGIERS, Xavier (s/d). *Metodologia da Recolha de Dados – Fundamentos dos Métodos de Observações, de Questionários, de Entrevistas e de Estudo de Documentos,* Lisboa, Instituto Piaget.

KOKOREFF, Michel, e FAUGERON, Claude (2002). «Drug Addiction and Drug Dealing – from Trajectories to Carees: the Status of the Question in Social Sciences in France» in *Drugs and Crime: Deviant Pathways*, Serge Brochu, Cândido da Agra, e Marie-Marthe Cousineau, Ashgate, 51-69.

JANOWTIZ, Morris [org] (1984). *The City*, textos de *Robert E. Park, Ernest W. Burgess, Roderick D. McKenzie e Louis Wirth*, Chicago and London, The University of Chicago Press.

JENSEN, Gary J., e EVE, Raymond (1976). «Sex Differences in Delinquency – Na Examination of Popular Sociological Explanations» in *Criminology*, Vol. 13, N.º 4, 427-448.

LABERGE, Danielle, e ROY, Shirley (1989-1990). «Femmes et criminalité : Le contrôle social est-il sexué ? Une analyse des données statistiques québécoises» *Canadian Journal of Women and the Law – Revue Juridique La Femme et le Droit*, Vol. 3, N.º 2, 457-464.

LANCTÔT, Nadine, e LEBLANC, Marc (2000). «Les trajectoires marginales chez les adolescentes judiciarisées: Continuité et changement» in *Revue Internationale de Criminologie et de Police Technique et Scientifique*, Vol. 53, N.º 1, 46-68.

LEAL, José Manuel Pires (2001). *O sentimento de insegurança: os casos de Mértola e da Linha de Sintra*, dissertação final de curso para obtenção do grau de licenciatura em Sociologia e Planeamento, pelo Instituto Superior de Ciências do Trabalho e da Empresa, sob a orientação do Professor Doutor António Firmino da Costa, Lisboa.

LEMERT, Edwin (1951). *Social Pathology*, Nova Iorque, McGraw-Hill.

LESSARD-HÉBERT, Michelle, GOYETTE, Gabriel, e BOUTIN, Gérald (s/d). *Investigação Qualitativa – Fundamentos e Práticas*, Lisboa, Instituto Piaget.

LEVIN, J. (1987). *Estatística aplicada a ciências humanas*, São Paulo: Harbra, 2.ª Edição.

LÉVY, V. (2000). «Femmes et délinquance: la situation aux Etats-Unis» in *Deviance et Societe*, Vol. 24, N.º 1, 69-90.

LOMBROSO, C. e FERRERO, G. (1896). *La femme criminelle et lá prostituée*, Paris, Anciénne Librairie Germer Bailliére et cie, Félix Alcan Èditeur.

LOURENÇO, Nelson, LISBOA, Manuel, e FRIAS, Graça (1998). «Crime e insegurança: delinquência urbana e exclusão social» in *Jub Judice – Justiça e Sociedade*, N.º 13, 51-59.

MCCAGHY, Charles H., CAPRON, Timothy A., e JAMIESON, J.D. (2000). *Deviant Behavior – Crime, Conflict, and Interest Groups*, Allyn and Bacon, fifth edition.

MACHADO, Fernando Luís, e COSTA, António Firmino da (1998). «Processos de uma modernidade Inacabada» in *Portugal que Modernidade?*, José Manuel Leite Viegas e António Firmino da Costa, Oeiras, Editora Celta, 2.ª edição, 17-43.

MAHER, Lisa, DUNLAP, Eloise, e JOHNSON, Bruce D. (2002). «Black Women's Pathways to Involvement in Illicit Drug Distribution and Sales: an Exploratory Ethnographic Analysis» in *Drugs and Crime: Deviant Pathways*, Serge Brochu, Cândido da Agra, e Marie-Marthe Cousineau, Ashgate, 167-195.

MANNHEIM, Hermann (1960). «The Criminological Significance of the Family» in *Bulletin de la Société Internationale de Criminologie* (France), 1.º semestre, 24-34.

MANITA, Celina (1997). «Personalidade criminal e perigosidade: da 'perigosidade' do sujeito criminoso ao(s) perigo(s) de se tornar objecto duma 'personalidade' criminal»...» in *Revista do Ministério Público*, N.º 69, 55-79.

MANITA, Celina, e AGRA, Cândido da (2002). «The Study of Psychological Self-organization Processes in Deviant Pathways: Contributions of the Biogram Method» in *Drugs and Crime: Deviant Pathways*, Serge Brochu, Cândido da Agra, e Marie-Marthe Cousineau, Ashgate, 33-49.

MAROCO, João (2003). *Análise Estatística com utilização do SPSS*, Lisboa, Edições Silabo, 2.ª Edição.

MARQUES-TEIXEIRA, João (2000). *Comportamento Criminal – Perspectiva Biopsicológica*, Linda a Velha, Vale & Vale editores, 1.ª edição.

MATSUEDA, Ross L., PILIAVIN, Irving, GARTNER, Rosemary, e POLAKOWSKI, Michael (1992). «The prestige of criminal and conventional occupations: a subcultural model of criminal activity» in *American Sociological Review*, Vol. 57, 752-770.

MATZA, David (1969). *El processo de desviación*, Madrid, Ed. Taurus.

MEAD, George Herbert (1934). *Mind, Self, and Society*, Chicago, The University of Chicago Press.

MEISENHELDER, Thomas (1977). «An Exploratory Study of Exiting from Criminal Careers» in *Criminology*, Vol. 15, N.º 3, 319-334.

MERCIE, Céline, e ALARIE, Sophie (2002). «Pathways out of Deviance: Implications for Programme Evaluation» in *Deviant Pathways*, Serge Brochu, Cândido da Agra, e Marie-Marthe Cousineau, Ashgate, 229-240.

MERTON, Robert (1970). *Sociologia – Teoria e Estrutura*, São Paulo, Editora Mestre Jou.

MINISTÉRIO DA JUSTIÇA (1984). *Estatísticas da Justiça – 1983*, Lisboa, Gabinete de Estudos e Planeamento.

MINISTÉRIO DA JUSTIÇA (1985). *Estatísticas da Justiça – 1984*, Lisboa, Gabinete de Estudos e Planeamento.

MINISTÉRIO DA JUSTIÇA (1986). *Estatísticas da Justiça – 1985*, Lisboa, Gabinete de Estudos e Planeamento.

MINISTÉRIO DA JUSTIÇA (2002). *Estatísticas da Justiça – 2001*, Lisboa, Gabinete de Política Legislativa e Planeamento.

MINISTÉRIO DA JUSTIÇA (2003). *Estatísticas da Justiça – 2002*, Lisboa, Gabinete de Política Legislativa e Planeamento.

MINISTÉRIO DO EMPREGO E DA SEGURANÇA SOCIAL (1994). *Classificação Nacional das Profissões*, Lisboa, Instituto do Emprego e Formação Profissional.

MOFFITT, Terrie E., CASPI, Avshalom, RUTTER, Michael, e SILVA, Phil A. (2001). *Sex Differences in Antisocial Behaviour – Conduct Disorder, Delinquency, and Violence in the Dunedin Longitudinal Study*, Cambridge, Cambridge University Press.

MOOR, Lise (1967). «Aberrations chromosomiques portant sur les gonosomes et comportement antisocial – Etat actuel de nos connaissances» in *Annales Internationales de Criminologie*, Vol. 6, N.º 2, 459-475.

MORRIS, Ruth R. (1965). «Attitudes toward delinquency by delinquents, non-delinquents and their friends» in *British Journal of Criminology*, Vol. 5, N.º3, 249-265.

MUCCHIELLI, Laurent (2002). «Violences et délinquances des jeunes en France au cours des vingt dernières années: données statistiques et questionnement sociologique» texto entregue ao discente pela Escola de Criminologia da Faculdade de Direito da Universidade do Porto, no âmbito do curso de mestrado em criminologia, em 2003.

NAFFIN, Ngaire (1985). «The Masculinity-Femininity hypothesis. A Consideration of Gender-based Personality Theories of Female Crime» in *British Journal of Criminology*, Vol. 25, N.º 4, 365-381.

NEGRÃO, Fernando (1998). «O Sistema Integrado da Informação Criminal» in *Lusíada – Revista de Ciência e Cultura,* Instituto Lusíada para o Direito do Ambiente, Coimbra Editora, Série Especial – Informações e Segurança Interna, 56-64.

NEGREIROS, Jorge (2001). *Delinquências Juvenis,* Lisboa, Editorial Noticias, 1.ª Edição.

NORLAND, Stephan, e SHOVER, Neal (1977). «Gender Roles and Female Criminality» in *Criminology,* Vol. 15, N.º 1, 87- 104.

OSGOOD, D. Wayne, JOHNSTON, Lloyd D., O'MALLEY, Patrick M., e BACHMAN, Jerald G. (1988). «The generality of deviance in late adolescence and early adulthood» in *American Journal of Sociology,* Vol. 53, N.º 1, 81-93.

OUIMET, Marc, e LEBLANC, Marc (1993). «Événements de vie et continuation de la carrière criminelle au cours de la jeunesse» in *Revue Internationale de Criminologie et de Police Technique et Scientifique,* Vol. 46, N.º 3, 321-344.

PAIS, José Machado (2002). *Sociologia da Vida Quotidiana. Teorias, métodos e estudos de caso,* Lisboa, Instituto de Ciências Sociais.

PARENT, Isabelle, e BROCHU, Serge (2002). «Drug/Crime Pathways Among Cocaine Users» in *Drugs and Crime: Deviant Pathways,* Serge Brochu, Cândido da Agra, e Marie-Marthe Cousineau, Ashgate, 139-154.

PASSERON, Jean-Claude (1989). «Biographies, flux, itinéraires, trajectoires» in *Revue Française de Sociologie,* Vol. xxxi, N.º 1, 3-22.

PERNANEN, Kai (2002). «Foreword» in *Drugs and Crime: Deviant Pathways,* Serge Brochu, Cândido da Agra, e Marie-Marthe Cousineau, Ashgate, ix1xii.

PHILLIPS, John C., e KELLY, Delos H. (1979). «School Failure and Delinquency – Which Causes Which?» in *Criminology,* Vol. 17, N.º 2, 194-206.

POLÍCIA JUDICIÁRIA (1995). *Sistema de Informação Criminal,* Lisboa, Relatório elaborado pelo Grupo de Trabalho designado pelo Despacho 016/95-SEC/DG de 15 de Maio.

POLÍCIA JUDICIÁRIA (2003). *Sistema Integrado de Informação Criminal – SIIC – Projecto de Regulamento,* Lisboa, Unidade Nacional de Informação.

QUEIRÓS, Cristina (1997). *Emoções e comportamento desviante, um estudo na perspectiva da personalidade como sistema auto*-organizador, Tese de Doutoramento apresentada à Faculdade de Psicologia e Ciências da Educação da Universidade do Porto.

QUEIRÓS, Cristina (1997). «A importância das abordagens biológicas no estudo do crime» in *Revista do Ministério Público,* N.º 69, 37-53.

QUIVY, Raymond, e CAMPENHOUDT, Luc Van (1992). *Manual de Investigação em Ciências Sociais,* Lisboa, Gradiva, 1.ª edição.

RACINE, Aimée (1960). «La famille est l'institution sociale de base» in *Bulletin de la Société Internationale de Criminologie* (France), 1.º semestre, 35-38.

ROBERT, Philippe (2002). *O cidadão, o crime e o Estado,* Lisboa, Editorial Noticias, 1.ª edição.

ROCHA, Manuel António Lopes (1993). «A revisão do Código Penal português: sentido e extensão das alterações da Parte Geral no anteprojecto da Comissão Revisora» in *Revista Portuguesa de Ciência Criminal*, Fasc. 2-4, 231-243.

RUTTER, Michael, GILLER, Henri, e HAGELL, Ann (1998). *Antisocial Behavior by Young People*, Cambridge, Cambridge University Psress.

SAMPSON, Robert J., e LAUB, John H. (1990). «Crime and deviance over the life course: the salience of adult social bonds» in *American Journal of Sociology*, Vol. 55, N.º 5, 609-627.

SANTOS, António Furtado dos (1983). *Código Penal (anotado) – Legislação Complementar e Jurisprudência Penal*, Lisboa, Livraria Petrony.

SELLIN, Thorsten (1960). «Are Parents Responsible?» in *Bulletin de la Société Internationale de Criminologie* (France), 1.º semestre, 48-51.

SMART, Carol (1979). «The new female criminal: reality or myth?» in *British Journal of Criminology*, Vol. 19, N.º 1, 50-59.

STAATS, Gregory R. (1977). «Changing conceptualizations of professional criminals – Implications for Criminology Theory» in *Criminology*, Vol. 15, N.º 1, 49- 65.

STANDER, Julian, FARRINGTON, David P., HILL, Gillian, e ALTHAM, Patricia M. E. (1989). «Markov chain analysis and specialization in criminal careers» in *British Journal of Criminology*, Vol. 29, N.º 4, 317-335.

STATTIN, Hakan, MAGNUSSON, David, e REICHEL, Howard (1989). «Criminal activity at different ages. A study Based on a Swedish Longitudinal Research Population» in *British Journal of Criminology*, Vol. 29, N.º 4, 368-385.

SVENSSON, Robert (2002). «Strategic offences in the criminal career context» in *British Journal of Criminology*, Vol. 42, N.º 2, 395-411.

TITTLE, Charles R. (1988). «Two empirical regularities (maybe) in search of na explanation: commentary on the age/crime debate» in *Criminology*, Vol. 26, N.º 1, 75- 85.

THORNTON, William E., e JAMES, Jennifer (1979). «Masculinity and delinquency revisited» in *British Journal of Criminology*, Vol. 19, N.º 3, 225-241.

WIRTH, Louis (1980). *Le Ghetto*, Presses universitaires de Grenoble.

WRIGHT, Charles W. (1978). «Contrasting conceptions of deviance in sociology: functionalism and labelling theory» in *British Journal of Criminology*, Vol. 18, N.º 3, 217-231.

WURTENBERGER, Th., e SCHOLZ, Ch. (1960). «Le rôle de la famille dans l'Etiologie criminelle – Remarques critiques» in *Bulletin de la Société Internationale de Criminologie* (France), 1.º semestre, 52-57.

Legislação

Decreto de 16 de Setembro de 1886 [Código Penal];

Decreto-Lei n.º 35 042 de 20 de Outubro de 1945 [cria a Polícia Judiciária];

Lei Constitucional n.º 1/82 de 30 de Setembro [1.ª Revisão Constitucional];

Decreto-Lei n.º 319/82 de 11 de Agosto [cria o Instituto de Reinserção Social];

Decreto-Lei n.º 400/82 de 23 de Setembro [aprova o novo Código Penal em vigor a partir de 01 de Janeiro de 1983, e revoga o Decreto de 16 de Setembro de 1886];

Decreto-Lei n.º 401/82 de 23 de Setembro [o Regime Especial em Matéria Penal aplicável a menores entre os 16 e os 21 anos];

Decreto-Lei n.º 402/82 de 23 de Setembro [revisão do Código de Processo Penal];

Decreto-Lei n.º 433/82 de 27 de Outubro [Direito de Ordenação Social];

Decreto-Lei n.º 458/82 de 24 de Novembro [revê a estrutura orgânica da Polícia Judiciária];

Decreto-Lei n.º 78/87. De 17 de Fevereiro, [aprova o novo Código de Processo Penal];

Decreto-Lei n.º 387-H/87 de 30 de Novembro [revê a estrutura orgânica da Polícia Judiciária];

Decreto-Lei n.º 295-A/90 de 21 de Setembro [revê a estrutura orgânica da Polícia Judiciária];

Lei n.º 59/98 de 25 de Agosto [Altera o Código de Processo Penal];

Lei n.º 21/2000 de 10 de Agosto [Organização da Investigação Criminal];

Decreto-Lei n.º 275-A/2000 de 9 de Novembro [revê a estrutura orgânica da Polícia Judiciária];

Decreto-Lei n.º 304/2002 de 13 de Dezembro [revê a estrutura orgânica da Polícia Judiciária];

Decreto-Lei n.º 305/2002 de 13 de Dezembro [revê a Organização da Investigação Criminal];

QUADRO SINÓPTICO COM OS ELEMENTOS EXPLICATIVOS DAS DIFERENÇAS EXISTENTES ENTRE AS CATEGORIAS TIPO DE DELINQUENTE

	CATEGORIAS TIPO DE DELINQUENTE			
	Primário	*Ocasional*	*Reincidente*	*Crónico*
DIMENSÃO DAS CATEGORIAS TIPO DE DELINQUENTE	Representam **47,7** % do total da amostra	Representam **26,9** % do total da amostra	Representam **17,2** % do total da amostra	Representam **8,2** % do total da amostra
A IDADE AO 1.º REGISTO-CRIME	Entre os **27 e os 35** anos	Entre os **24 e os 30** anos	Entre os **17 e os 20** anos e Entre os **24 e os 28** anos	Entre os **17 e os 23** anos

	Primário	*Ocasional*	*Reincidente*	*Crónico*
MOBILIDADE RESIDENCIAL	Generalidade: **Baixa mobilidade residencial** caracterizada pela categoria nos limites do Mesmo concelho Especificidade: Elevado número de estrangeiros que revelam mobilidade residencial Entre países	Generalidade: **Baixa mobilidade residencial** caracterizada pela categoria nos limites do Mesmo concelho Especificidade: Alguma expressão de indivíduos que revelam mobilidade residencial aos níveis Diferentes concelhos no mesmo distrito, e Diferentes distritos	Generalidade: **Baixa mobilidade residencial** caracterizada pela categoria nos limites do Mesmo concelho Especificidade: Expressão significativa de indivíduos que revelam mobilidade residencial aos níveis Diferentes concelhos no mesmo distrito, e Diferentes distritos	Generalidade: **Média mobilidade residencial** caracterizada pela categoria Diferentes concelhos no mesmo distrito, *concomitante c/* **Elevada mobilidade residencial** caracterizada pela categoria Diferentes distritos Especificidade: Alguma expressão de indivíduos que revelam mobilidade residencial ao nível do Mesmo concelho
DURAÇÃO DA TRAJECTÓRIA	*Pontual*, caracterizada pela categoria **Só 1 dia** pertencente à variável Intervalo entre o 1.º Registo e o Último	*Intermitente*, caracterizada por ter presença em todas as categorias da variável Intervalo entre o 1.º Registo e o Último, concentra uma significativa percentagem de frequências no período compreendido **entre 1 e 6 anos**	*Persistente e duradoura*, caracterizada por ter uma forte concentração de períodos no intervalo de tempo **entre os 2 e os 10 anos**, sendo que nesse importa destacar o período compreendido **entre os 6 e os 10 anos**	*Persistente e duradoura*, caracterizada por ter uma forte concentração de períodos no intervalo de tempo **entre os 4 e os 15 anos**, sendo que nesse importa destacar o período compreendido **entre os 6 e os 15 anos**

	Primário	*Ocasional*	*Reincidente*	*Crónico*
MOBILIDADE CRIMINAL	Mobilidade criminal *restrita*, confinada aos **limites do mesmo concelho** Excepção específica: No caso dos estrangeiros, cuja maioria pertence a esta categoria tipo de delinquente, a mobilidade criminal alarga-se geograficamente a vários concelhos ou distritos, assim como a vários países	Mobilidade criminal *restrita*, na maioria das vezes confina-se aos **limites do mesmo concelho** Excepção específica: Pode alargar-se a diferentes concelhos pertencentes ao mesmo distrito, e extraordinariamente a vários distritos	Mobilidade criminal *alargada*, centrada fundamentalmente em **vários distritos**, ou em **vários concelhos do mesmo distrito** Excepção específica: Em certos casos restringe-se ao mesmo concelho, podendo estender-se extraordinariamente a diferentes países	Mobilidade criminal *alargada*, centrada fundamentalmente em **vários distritos**, ou em **vários concelhos do mesmo distrito** Excepção específica: Em certos casos restringe-se ao mesmo concelho, podendo estender-se extraordinariamente a diferentes países
PRIVAÇÃO DA LIBERDADE	**13,3 %** dos indivíduos foram sujeitos pelo menos a uma das situações de privação da liberdade	**33,7 %** dos indivíduos foram sujeitos pelo menos a uma das situações de privação da liberdade	**59,7 %** dos indivíduos foram sujeitos pelo menos a uma das situações de privação da liberdade	**74,1 %** dos indivíduos foram sujeitos pelo menos a uma das situações de privação da liberdade
PRISÃO EFECTIVA	**5,7 %** dos indivíduos cumpriram pelo menos uma condenação a pena de prisão efectiva	**18,0 %** dos indivíduos cumpriram pelo menos uma condenação a pena de prisão efectiva	**24,6 %** dos indivíduos cumpriram pelo menos uma condenação a pena de prisão efectiva	**40,7 %** dos indivíduos cumpriram pelo menos uma condenação a pena de prisão efectiva

	Primário	*Ocasional*	*Reincidente*	*Crónico*
Percentagem e Média de Registos-Crime	Estão-lhes associados 16,4% do total de registos-crime, correspondendo em média 1,0 registos-crime por indivíduo	Estão-lhes associados 21,8% do total de registos-crime, correspondendo em média 2,4 registos-crime por indivíduo	Estão-lhes associados 30,2% do total de registos-crime, correspondendo em média 5,1 registos-crime por indivíduo	Estão-lhes associados 31,6% do total de registos-crime, correspondendo em média 11,3 registos-crime por indivíduo
Representatividade ordenada de cada grande grupo de crimes	1.º *Crimes de falsificação e de emissão de cheque sem provisão* 2.º *Crimes associados directamente à droga* 3.º Crimes contra o património	1.º *Crimes associados directamente à droga* 2.º *Crimes de falsificação e de emissão de cheque sem provisão* 3.º Crimes contra o património	1.º Crimes contra o património 2.º *Crimes associados directamente à droga* 3.º *Crimes de falsificação e de emissão de cheque sem provisão*	1.º Crimes contra o património 2.º *Crimes de falsificação e de emissão de cheque sem provisão* 3.º *Crimes associados directamente à droga*

	Primário	*Ocasional*	*Reincidente*	*Crónico*
ESPECIFICIDADES TRAJECTORIAIS	**83,3 %** da totalidade das frequências pertencentes ao grupo de crimes **Contra a Vida**, manifesta-se em **3,2 % das trajectórias** deste tipo de delinquente	**42,9 %** da totalidade das frequências pertencentes ao grupo de crimes **Contra a Integridade Física e Liberdade Pessoal**, manifestam-se em **3,4 % das trajectórias** deste tipo de delinquente, assim como **28,6 %** da totalidade das frequências pertencentes ao grupo de crimes **De Natureza Sexual**, manifestam-se em **2,2 % das trajectórias** deste tipo de delinquente	**66,7 %** da totalidade das frequências pertencentes ao grupo de crimes **Outros Contra as Pessoas**, manifestam-se em **3,5 % das trajectórias** deste tipo de delinquente, assim como **40,9 %** da totalidade das frequências pertencentes ao grupo de crimes **Contra o Património Com Violência**, manifestam-se em **10,5 % das trajectórias** deste tipo de delinquente	**57,1 %** da totalidade das frequências pertencentes aos grupos de crimes **Contra a Integridade Física e Liberdade Pessoal e De Natureza Sexual**, manifestam-se em **3,7 % das trajectórias** deste tipo de delinquente, assim como **36,4 %** da totalidade das frequências pertencentes ao grupo de crimes **Contra o Património Com Violência**, manifestam-se em **18,5 % das trajectórias** deste tipo de delinquente

	Primário	*Ocasional*	*Reincidente*	*Crónico*
A EXPRESSIVIDADE DOS REGISTOS-CRIME DIRECTAMENTE ASSOCIADOS À DROGA	**30,4 %** das trajectórias criminais são **dominadas pela droga**	Geralmente são **precedidos** por registos-crime pertencentes ao **seu grupo de crimes**, todavia para além do **potencial preditor sobre si mesmo**, o **património** também **detém alguma influência** preditora, sendo que as **trajectórias criminais** em que se inserem são também **dominadas de forma significativa** por registos-crime relacionados com o **património**, e com recurso à **falsificação**	Geralmente são **precedidos** por registos-crime pertencentes ao **seu grupo de crimes**, todavia para além do **potencial preditor sobre si mesmo**, o **património** assim como a **falsificação** também **detém alguma influência** preditora, sendo que as **trajectórias criminais** em que se inserem são também **dominadas de forma significativa** por registos-crime pertencentes aos **tipos criminais referidos**	Geralmente são **precedidos** por registos-crime pertencentes ao **seu grupo de crimes**, todavia para além do **potencial preditor sobre si mesmo**, o **património** assim como a **falsificação** também **detém alguma influência** preditora, todavia denota-se que nas trajectórias **onde a droga revela uma forte presença**, subsiste uma certa especialização no domínio **tráfico e do tráfico-consumo**
A EXPRESSIVIDADE DOS REGISTOS-CRIME DE EMISSÃO DE CHEQUE SEM PROVISÃO	**23,4 %** das trajectórias criminais são **dominadas pela emissão de cheque sem provisão**	Nas trajectórias que se exprimem são geralmente **precedidos** por registos pertencentes ao **seu grupo de crimes**, sendo que as **trajectórias criminais** em que se inserem-se denotam **de forma significativa** registos relacionados com o **património**, a **droga**, e de forma menos expressiva, a **falsificação**	Nas trajectórias que se exprimem são geralmente **precedidos** por registos pertencentes ao **seu grupo de crimes**, sendo que as **trajectórias criminais** nas quais se inserem denota-se alguma expressividade de registos relacionados com o **património**, a **falsificação**, e de modo menos expressivo, a **droga**	Nas trajectórias que se exprimem são geralmente **precedidos** por registos pertencentes ao **seu grupo de crimes**, sendo que as **trajectórias criminais** em que se inserem são também **dominadas com bastante significado** por registos ligados ao **património**, a **falsificação**, e de forma muito menos expressiva, pela **droga**

	Primário	*Ocasional*	*Reincidente*	*Crónico*
A EXPRESSIVIDADE DOS REGISTOS-CRIME CONTRA A VIDA	3,2 % das trajectórias criminais são **dominadas por registos-crime que atentam contra a vida**	Não existem registos	Não existem registos	A **única trajectória** que integra um registo-crime contra a vida, é **desenvolvida por registos** relacionados com a **apropriação ilícita de valores patrimoniais**
A EXPRESSIVIDADE DOS REGISTOS-CRIME DE NATUREZA SEXUAL	Não existem registos	Nas trajectórias em que se exprimem são **precedidos** por registos-crime relacionados com a **droga** e com a afectação da **integridade física e liberdade pessoal**	Nas trajectórias em que se exprimem são **precedidos** por registos-crime **não especificados**, desenvolvendo-se por registos crimes conotados com alguma **violência** – patrimónío com violência – assim como com a **droga**	Nas trajectórias em que se exprimem são fortemente **precedidos** por registos-crime pertencentes ao **seu grupo de crimes**, assim como de afectação da **integridade física e liberdade pessoal**, e **outros contra a sociedade**, desenvolvendo-se por registos crimes conotados com alguma **violência e agressividade**, como são os relativos à **integridade física e liberdade pessoal** e de **natureza sexual**

	Primário	*Ocasional*	*Reincidente*	*Crónico*
A EXPRESSIVIDADE DOS REGISTOS-CRIME CONTRA A INTEGRIDADE FÍSICA E LIBERDADE PESSOAL	Não existem registos	São **precedidos** por registos-crime **relacionados com o património**, todavia tendem a desenvolver-se expressando traços de **alguma agressividade**, através de registos relacionados com a **apropriação violenta de património** e a transgressão de valores que afectam a **esfera sexual**	Não existem registos	São **precedidos** por registos-crime referentes ao **seu grupo de crimes**, e a registos-crime relativos à afectação da **esfera sexual**
A EXPRESSIVIDADE DOS REGISTOS-CRIME CONTRA O PATRIMÓNIO COM VIOLÊNCIA	**0,6 %** das trajectórias criminais são **dominadas por registos-crime contra o património com recurso à violência**	São **precedidos** pelo grupo de crimes ligados à **ameaça da integridade física e liberdade pessoal**, e por outros grupos de crimes **sem qualquer conotação com a violência**	São geralmente **precedidos** pela **droga**, e de forma menos significativa pelo **seu grupo de crimes**, todavia verifica-se que os seus trajectos delitivos demonstram alguma **diferença estrutural**, havendo uns que evoluem significativamente pelo **património sem recurso à violência**, e **outros** marcam o trajecto com registos de **pendor violento**, ora centrados no **património**, ora na **transgressão sexual**	São geralmente **precedidos** por registos-crime essencialmente referentes ao **património**, quase sempre sem recurso à violência, sendo a estrutura das **trajectórias criminais** em que se inserem **fortemente constituídas** por registos relacionados com a natureza do já referido, e de forma **menos expressiva com a droga**

	Primário	*Ocasional*	*Reincidente*	*Crónico*
A EXPRESSIVIDADE DOS REGISTOS-CRIME CONTRA O PATRIMÓNIO SEM VIOLÊNCIA	**24,1 %** das trajectórias criminais são **dominadas por registos-crime contra o património sem recurso à violência**	Nas trajectórias em que se exprimem são **precedidos de forma significativa** por registos-crime pertencentes ao **seu grupo de crimes**, e com menor expressão referentes **à droga**, e à **emissão de cheques sem provisão**, sendo que a estrutura dos trajectos em que se insere, revelam a **dicotomia** entre percursos estritamente ligados à **apropriação de bens patrimoniais**, geralmente sem recurso à violência, e outros com ligação à **droga**	Nas trajectórias em que se exprimem são **precedidos de forma significativa** por registos-crime pertencentes ao **seu grupo de crimes**, e com menor expressão referentes **à droga**, e à **falsificação**, sendo que a estrutura dos trajectos em que se insere, revelam a **dicotomia** entre **património e droga**. Subsistem dois tipos de trajectórias: as **primeiras** caracterizadas essencialmente pela **predação patrimonial**, geralmente sem recurso à violência, **dispensam a presença da droga**, enquanto que as **segundas**, caracterizadas pela presença da **droga**, **entrelaçam-se** com registos conotados com a apropriação ilícita de **património**	Nas trajectórias em que se exprimem são **fortemente precedidos** por registos-crime pertencentes ao **seu grupo de crimes**, e de forma significativa mas com menor expressão a **falsificação**, sendo que a estrutura dos trajectos em que se insere, revelam a **dicotomia** existente entre **património e droga**, nas quais para além da omnipresença em ambas **do seu grupo de crimes**, umas revelam **a presença não negligenciável da droga**, enquanto que **outras revelam a presença** de outros grupos de crimes em certa medida relacionados com a apropriação ilícita de património – **falsificação e emissão de cheque sem provisão** sem intromissão da droga

	Primário	Ocasional	Reincidente	Crónico
A EXPRESSIVIDADE DOS REGISTOS-CRIME DE FALSIFICAÇÃO	13,9 % das trajectórias criminais são **dominadas por registos-crime caracterizados especificamente pelo recurso à falsificação**	São **precedidos de forma significativa** por registos-crime conotados directamente com a **droga** e com a apropriação ilícita de **património sem recurso a violência**, assim como, embora de modo **menos expressivo, com a falsificação**, denotando-se na estrutura evolutiva das **trajectórias criminais** em que se insere, **fortíssima presença de registos-crime relacionados com o património, e em menor grau com o seu grupo de crimes e a droga**	São **precedidos de forma bastante significativa** por registos-crime relacionados com o **património sem recurso a violência**, assim como, embora de modo **menos expressivo, com o seu grupo de crimes e a emissão de cheque sem provisão**, denotando-se na estrutura das **trajectórias criminais** em que se insere, **forte presença de** registos-crime relacionados com a **droga**, e com o **património**, geralmente sem violência, e **em menor grau com o seu grupo de crimes e a emissão de cheque sem provisão**	São **fortemente precedidos** por registos-crime relacionados com o **património sem recurso a violência**, e de forma menos expressiva, com o **seu grupo de crimes, a emissão de cheque sem provisão, e a droga**, denotando-se na estrutura das **trajectórias criminais em que se insere dicotomia trajectorial**. Subsistem dois tipos de trajectórias: as **primeiras** caracterizam-se pela estrita **predação patrimonial**, geralmente sem violência, com recurso à **falsificação** e à **emissão de cheques sem provisão**, dispensam a presença da **droga**; as **segundas**, caracterizam-se pela presença da **droga, entrelaçada com grupos** de crimes, à semelhança da anterior, conotados com **apropriação ilegítima de património**

	Primário	*Ocasional*	*Reincidente*	*Crónico*
A EXPRESSIVIDADE DOS REGISTOS-CRIME CONTRA O ESTADO	1,3 % das trajectórias criminais são **dominadas por registos-crime relacionados com infracções ao Estado**	Nas trajectórias em que se inserem são **precedidos e** esses são constituídos por registos-crime estritamente relacionados com o **património sem violência**	Nas trajectórias em que se inserem são **precedidos** por registos-crime estritamente relacionados com o **património com violência**, assim como, com a **droga**, denotando-se na estrutura das **trajectórias criminais** que integram **significativa presença da droga** e de registos referentes à **apropriação de bens móveis**, geralmente sem recurso a meios violentos	Nas trajectórias em que se inserem são **precedidos de forma bastante significativa** por registos-crime relacionados com o **património**, e de forma mais diminuta pela **droga**, denotando-se na estrutura desses trajectos **significativa presença de** registos relativos à **droga** e à **apropriação ilícita de bens móveis**, sem recurso a meios violentos
A EXPRESSIVIDADE DOS REGISTOS-CRIME CONTRA A SOCIEDADE	3,2 % das trajectórias criminais são **dominadas por registos-crime contra a sociedade**	São **precedidos** por registos-crime estritamente relacionados com o **património sem violência** e a **emissão de cheque sem provisão**, sendo que nos **trajectos** em que evoluem dominam registos relacionados com **predação**, sem violência, e a **droga**	São **precedidos** maioritariamente por registos-crime relacionados com a **falsificação**, e de forma **menos expressiva** pelo **património**, com e sem recurso a violência, sendo os **trajectos** pelos quais evolui caracterizados pelos **grupos de crimes referidos**, e pela omnipresença da **droga**	São **precedidos** por registos-crime relacionados com o **património** e com a afectação da **integridade física e liberdade pessoal**, sendo que a estrutura das **trajectórias** em que se insere **para além dos grupos referidos**, há a acrescentar a presença de registos-crime relativos à **droga** e outros que afectam a **esfera sexual**

	Primário	*Ocasional*	*Reincidente*	*Crónico*
A EXPRESSIVIDADE DOS REGISTOS-CRIME CONTRA AS PESSOAS	Não existem registos	Não existem registos	Nas trajectórias em que se inserem são **precedidos** por registos-crime estritamente relacionados com a **droga**, sendo que na estrutura evolutiva das **trajectórias criminais** em que se exprimem constata-se para além da **droga** a existência de registos-crime que ferem a esfera do **património**	Nas trajectórias em que se inserem são **precedidos** por registos-crime estritamente relacionados com a **droga**, sendo que na estrutura evolutiva das **trajectórias criminais** em que se exprimem constata-se para além da **droga** a existência de registos-crime que ferem a esfera do **património**